서예인을 위한 漢詩

胸中萬里

정충락(鄭充洛) 著

月刊 書藝文人畫

세 번째의 詩稿를 내는 이유

詩를 쓴다는 것은 마음을 쓰는 것이다. 이 말은 철학자 怡堂 安秉煜 교수의 말을 패러디 한 것이다. 이당 선생은 일찍이 '글씨를 쓴다는 것은 마음을 쓰는 것'이라고 한 적이 있었다. 詩는 옛날에 누가 어쨌다는 이유로 쓰는 것이 아니다. 詩는 스스로의 생각을 추슬러서 韻文의 형식으로 적어내는 글 놀이일 뿐이다.

꼭이 筆者를 향한 것은 아니지만, 더러는 '그 말도 안 되는 소리를 詩라고 써내는 것인가'라는 비아냥거림도 있다. 그러나 거기에는 상관하지 않고 더욱 열심히 쓰기로 작정했다. 그것은 글씨와 그림 그리고 篆刻 등을 통하여 자신의 정신세계를 나타내는 것만이 예술이 아니라는 것을 알았기 때문이기도 하다.

나는 일찍이 漢字가 우리 祖上들에 의하여 만들어진 것이라고 主張한 바가 있는데, 이 주장은 지금도 변함이 없으며 앞으로도 변할 수가 없을 것이다. 지금의 시를 두고 쓸데없는 간섭을 하는 이들에겐 보다 確實한 공부를 권한다.

詩學이란 개인에게는 漢字의 소유욕만을 충족시켜 주는 것이 아니다. 따라서 개인의 철학을 가장 분명하게 확인할 수 있는 정신문화의 증거임을 알아야 한다.

붓장난이 지나쳐서 이제 더는 물러설 곳도 없다. 時代變異는 사람들이 調整하는 것이지 결코 시대 그 자체가 이끄는 것은 아니다. 사람들이, 그것도 좀 안다고 하는 지식인들이, 자신의 얄팍한 知識(?)을 앞세워서 여러 가지 문화적 간섭을 한 결과가 시대변이이다. 그래서 지금은 이른바 지식인들의 냉정한 反省을 해야 할 適期라고 생각한다.

 더러는 자신의 무식을 인정하지 못하고, 詩를 두고 고작 한다는 소리가 '지금은 없어진 구식문화'라고 한다. 그렇다면 나라 안팎에 수없이 산재한 시인들이 모두가 없어진 시를 몰라서 수용하고 있다는 말인가. 모르면 간섭을 하지 않는 것이 식자들의 도리라고 배웠다.

 나는 이렇게 없어지려는 詩에 매달려 나름대로는 애를 쓰고 있는 입장에 있다. 지금까지 살펴본 수많은 책 속에는 내가 하고 싶은 작은 이야기를 대신해 주는 내용이 그 어디에도 없었기 때문이다. 그래서 내가 하는 하찮은 작은 이야기 속에는 진실로 민초의 입장에서 하고 싶은 나름의 생활이야기가 들어있다고 할 수 있다.

 나의 詩는 이르기 어려운 하늘 끝의 차원 높은 이야기가 아니다. 그야말로 내 주변에서 살필 수 있는 그대로의 실황을 적은 글이다. 李白이 그랬고 杜甫도 그랬다. 있는 그대로 누구나 쓸 수 있는 것이 바로 詩다. 우리는 스스로를 알기 위한 노력이 더욱 필요한 시기에 살고 있다. 그래서 나는 힘겨워도 詩稿를 내는 것이다.

2006년 9월 洌畔摘星樓에서
農山 鄭 充 洛 記識

胸中萬里
目　次

Ⅰ. 五言絶句

1. 殷春所感(1) …………17
2. 詠蘭 …………………17
3. 山水吟 ………………18
4. 春景 …………………18
5. 文人日常 ……………19
6. 偶吟(1) ………………19
7. 春日偶吟(5) …………20
8. 中東戰二日目 ………20
9. 書之根源(1) …………21
10. 書之根源(2) …………21
11. 書之根源(3) …………22
12. 書之根源(4) …………22
13. 癸未四月(2) …………23
14. 春日夕陽 ……………23
15. 一思石龍鎭篆刻展(2) …24
16. 憶扶餘 ………………24
17. 晩春偶吟(6) …………25
18. 憶雙磎寺 ……………25
19. 六月天氣(2) …………26
20. 憶東大山 ……………26
21. 詠懷(2) ………………27

22. 七月偶吟(1) …………27
23. 詠懷(2) ………………28
24. 詠懷(5) ………………28
25. 詠懷(7) ………………29
26. 憶白馬江 ……………29
27. 夏日偶吟 ……………30
28. 何日偶吟 ……………30
29. 荷 ……………………31
30. 思書 …………………31
31. 書寫味(1) ……………32
32. 書寫味(2) ……………32
33. 何日卽事 ……………33
34. 七月閑日(5) …………33
35. 制憲節(3) ……………34
36. 韓屋村 ………………34
37. 七月十八日(雨天 3) …35
38. 釜山行於京釜線 ……35
39. 釜山行於京釜線(7) …36
40. 頌閔庚賢先生 ………36
41. 自樂(卍海先生詩次韻) …37
42. 寄學生 ………………37
43. 贈別(卍海禪師詩 次韻) …38
44. 夏天卽事 ……………38

45. 憶七佛寺 ……………39	75. 閑居(34) ……………54
46. 寄學徒 ………………39	76. 閑居(35) ……………54
47. 江邊曉日(2) …………40	77. 閑居(36) ……………55
48. 江邊曉日(3) …………40	78. 閑居(44) ……………55
49. 江邊曉日(4) …………41	79. 閑居(45) ……………56
50. 江邊曉日(5) …………41	80. 閑居(47) ……………56
51. 蘭 ……………………42	81. 閑居(48) ……………57
52. 江邊夜雨 ……………42	82. 閑居(49) ……………57
53. 閑居(8) ………………43	83. 回憶七佛寺(1) ………58
54. 閑居(9) ………………43	84. 閑居(50) ……………58
55. 閑居(10) ……………44	85. 回憶七佛寺(2) ………59
56. 於七佛寺 ……………44	86. 閑居(51) ……………59
57. 七月二十九日(2) ……45	87. 閑居(55) ……………60
58. 看漢江 ………………45	88. 閑居(56) ……………60
59. 于閑日(3) ……………46	89. 晚夏卽事(3) …………61
60. 早朝卽事(4) …………46	90. 2003大邱U大會反共集會 …61
61. 早朝卽事(5) …………47	91. 晚夏卽事(5) …………62
62. 早朝卽事(6) …………47	92. 憶雪嶽山 ……………62
63. 憶布穀 ………………48	93. 閑居(57) ……………63
64. 漢江(3) ………………48	94. 閑居(58) ……………63
65. 漢江(4) ………………49	95. 憶西安 ………………64
66. 漢江(5) ………………49	96. 憶桂林(꿰이링) 牧童 …64
67. 漢江(6) ………………50	97. 閑居(64) ……………65
68. 在宅閑居(4) …………50	98. 偶然寫蘭 ……………65
69. 在宅閑居(5) …………51	99. 憶晉陽湖畔宿 ………66
70. 閑居(12) ……………51	100. 閑居(70) ……………66
71. 七佛寺 ………………52	101. 閑居(71) ……………67
72. 閑居(16) ……………52	102. 閑居(72) ……………67
73. 夏季休暇有感(2) ……53	103. 閑居(74) ……………68
74. 書刻禮讚 ……………53	104. 憶無垢山房 …………68

105. 閑居(76) …………………………69
106. 憶晉陽湖畔 …………………69
107. 閑居(77) …………………………70
108. 閑居(79) …………………………70
109. 閑居(80) …………………………71
110. 漢江(13) …………………………71
111. 漢江(14) …………………………72
112. 閑居(82) …………………………72
113. 閑居(83) …………………………73
114. 閑居(84) …………………………73
115. 閑居(85) …………………………74
116. 閑居(86) …………………………74
117. 閑居(92) …………………………75
118. 閑居(93) …………………………75
119. 閑居(94) …………………………76
120. 閑居(96) …………………………76
121. 閑居(97) …………………………77
122. 肇秋(1) ……………………………77
123. 肇秋(2) ……………………………78
124. 早秋有感 ……………………………78
125. 示威有感 ……………………………79
126. 漢江(20) …………………………79
127. 漢江(22) …………………………80
128. 閑居(109) ………………………80
129. 閑居(110) ………………………81
130. 閑居(111) ………………………81
131. 名畵所感 ……………………………82

II. 五言律詩

1. 好藝 …………………………………85

2. 癸未春分(1) ……………………86
3. 六月何日 ……………………………87
4. 栗谷先生詩次韻 ……………88
5. 深夜歸家 ……………………………89
6. 七月閑日(4) ……………………90
7. 夏日卽事(2) ……………………91
8. 憶河東岳陽樓 ……………………92
9. 過洛東江 ……………………………93
10. 寶鏡寺 ………………………………94
11. 念善竹橋次韻(五山 車天輅) ……95
12. 在家有懷 …………………………96
13. 閑居(75) …………………………97
14. 閑居(105) ………………………98

III. 七言絶句

1. 閑日卽事 ……………………………101
2. 殷春所感(2) ……………………101
3. 春日所懷(1) ……………………102
4. 春日所懷(3) ……………………102
5. 槿域江山 ……………………………103
6. 恒心書壇改革 ……………………103
7. 過扶餘大橋 ………………………104
8. 詠竹 ……………………………………104
9. 何日短見 ……………………………105
10. 書藝之味 …………………………105
11. 對於詩文 …………………………106
12. 細雨夜 ……………………………106
13. 思舊友 ……………………………107
14. 春日午後卽事 …………………107
15. 春日情景(1) …………………108

16. 春日情景(2) ……………108	46. 看漢江 ……………123
17. 春日情景(3) ……………109	47. 看木蓮 ……………124
18. 憶何日矗石樓 ……………109	48. 春景夕陽 ……………124
19. 去年秋夕有事於故鄕 ……110	49. 於休日漢江岸 ……………125
20. 偶吟(2) ……………110	50. 詩者 ……………125
21. 春日偶吟(2) ……………111	51. 西翁宗正輓 ……………126
22. 春日偶吟(3) ……………111	52. 癸未四月(1) ……………126
23. 早朝偶吟(1) ……………112	53. 一思石龍鎭篆刻展 ……127
24. 早朝偶吟(2) ……………112	54. 春日夕陽卽事 ……………127
25. 早朝偶吟(3) ……………113	55. 四月三日 ……………128
26. 春日偶吟(4) ……………113	56. 憶一思石龍鎭 ……………128
27. 春日偶吟(6) ……………114	57. 四月四日(1) ……………129
28. 中東戰有感 ……………114	58. 四月四日(2) ……………129
29. 癸未春分(3) ……………115	59. 無題 ……………130
30. 伊拉克戰三日目(1) ……115	60. 寒食偶吟(1) ……………130
31. 旅行中偶吟(永東)(1) ……116	61. 寒食偶吟(2) ……………131
32. 旅行偶吟(龜尾)(2) ……116	62. 寒食偶吟(3) ……………131
33. 旅行偶吟(大邱)(3) ……117	63. 寒食偶吟(4) ……………132
34. 旅行偶吟(三浪津)(4) ……117	64. 偶吟 ……………132
35. 旅行偶吟(沙上)(5) ……118	65. 洌上寒食 ……………133
36. 旅行偶吟(晉州)(6) ……118	66. 晚春偶吟(3) ……………133
37. 伊拉克戰三日目(2) ……119	67. 晚春偶吟(4) ……………134
38. 憶濟州所見 ……………119	68. 晚春偶吟(5) ……………134
39. 旅行偶吟(過智異山下)(7) ……120	69. 華城書展所感 ……………135
40. 伊拉克戰五日目 ……………120	70. 路邊偶吟 ……………135
41. 仲春偶吟(1) ……………121	71. 韓日親善蹴球競技觀戰所感(1) 136
42. 仲春偶吟(3) ……………121	72. 韓日親善蹴球競技觀戰所感(2) 136
43. 仲春偶吟(4) ……………122	73. 舊友會同 ……………137
44. 詠江景 ……………122	74. 無題(1) ……………137
45. 交友之心 ……………123	75. 四‧一九 43周年 ……………138

76. 會合所感 …………………138
77. 過龜浦偶吟 ………………139
78. 愛鄉友 ……………………139
79. 無題(2) ……………………140
80. 憶李在亨鄉友 ……………140
81. 無題(3) ……………………141
82. 無題(4) ……………………141
83. 魯丁朴商贊作品展 ………142
84. 無題(5) ……………………142
85. 無題(6) ……………………143
86. 無題(7) ……………………143
87. 見山菜 ……………………144
88. 四月閑日(1) ………………144
89. 四月閑日(2) ………………145
90. 四月閑日(3) ………………145
91. 四月閑日(4) ………………146
92. 聽三國會談 ………………146
93. 四月閑日(5) ………………147
94. 四月閑日(6) ………………147
95. 四月閑日(7) ………………148
96. 蘭 …………………………148
97. 鱖魚 ………………………149
98. 喇叭花 ……………………149
99. 竹 …………………………150
100. TV出演大統領(盧武鉉) …150
101. 偶思吟(1) …………………151
102. 五月(2) ……………………151
103. 五月(3) ……………………152
104. 偶思吟(2) …………………152
105. 偶思吟(3) …………………153

106. 偶思吟(4) …………………153
107. 偶思吟(5) …………………154
108. 偶思吟(6) …………………154
109. 五月閑日(1) ………………155
110. 五月閑日(2) ………………155
111. 五月閑日(3) ………………156
112. 五月閑日(5) ………………156
113. 五月閑日(6) ………………157
114. 訪九龍洞天(1) ……………157
115. 訪九龍洞天(2) ……………158
116. 茶泉書展所感 ……………158
117. 金大煥教授音覺展所感 …159
118. 過永同五月 ………………159
119. 過金海平野 ………………160
120. 於晉州一夜 ………………160
121. 過德裕山麓 ………………161
122. 五月偶吟 …………………161
123. 五月想念(1) ………………162
124. 五月想念(2) ………………162
125. 五月想念(3) ………………163
126. 五月想念(4) ………………163
127. 五月想念(5) ………………164
128. 閑日偶吟稿(1) ……………164
129. 閑日偶吟稿(2) ……………165
130. 閑日偶吟稿(3) ……………165
131. 閑日偶吟稿(4) ……………166
132. 閑日偶吟稿(5) ……………166
133. 五月卽景(2) ………………167
134. 五月卽景(3) ………………167
135. 五月卽景(4) ………………168

136. 五月卽景(5) ………168	166. 金大中對談有感 ………183
137. 五月卽景(7) ………169	167. 六月天氣(1) ………184
138. 人生有情偶吟晴日(1) ………169	168. 憶晉陽湖 ………184
139. 人生有情偶吟晴日(2) ………170	169. 六月偶吟(2) ………185
140. 人生有情偶吟晴日(3) ………170	170. 6回國際書法交流展(1) ………185
141. 人生有情偶吟晴日(4) ………171	171. 6回國際書法交流展(2) ………186
142. 人生有情偶吟晴日(5) ………171	172. 六月偶吟(3) ………186
143. 人生有情偶吟晴日(6) ………172	173. 六月偶吟(4) ………187
144. 夷堂書室移轉記念 ………172	174. 六月偶吟(5) ………187
145. 韓日蹴球勝利所感 ………173	175. 六月偶吟(6) ………188
146. 夏到所感(2) ………173	176. 於釜山行列車(1) ………188
147. 夏到所感(3) ………174	177. 於釜山行列車(2) ………189
148. 夏到所感(4) ………174	178. 晉州行(1) ………189
149. 憶扶餘 ………175	179. 晉州行(2) ………190
150. 六月偶吟(1) ………175	180. 晉州行(3) ………190
151. 世界杯蹴球過一年 ………176	181. 入於晉州 ………191
152. 六月灰天偶吟 ………176	182. 於晉州詩社(1) ………191
153. 雨日偶吟(1) ………177	183. 於晉州詩社(2) ………192
154. 雨日偶吟(2) ………177	184. 過咸陽 ………192
155. 雨日偶吟(3) ………178	185. 6·25 動亂 54周年(2) ………193
156. 憶淸州 ………178	186. 6·25 動亂 54周年(4) ………193
157. 憶鎭海訓鍊所 ………179	187. 見於金剛山情景 ………194
158. 故友相逢 ………179	188. 六月二十八日 ………194
159. 憶海印寺(1) ………180	189. 圃隱先祖記念募詩 ………195
160. 憶海印寺(2) ………180	190. 於電視見土耳基洞窟住居 ………195
161. 憶海印寺(3) ………181	191. 讀關東八景 ………196
162. 六月閑日(1) ………181	192. 詠懷(1) ………196
163. 六月閑日(2) ………182	193. 詠懷濟州 ………197
164. 明齋洪基鳳個人展所感 ………182	194. 詠懷(3) ………197
165. 秋亭金良一個人展所感 ………183	195. 詠懷(4) ………198

196. 詠懷(6) ·················198	226. 書鑑賞(1) ·················213
197. 看漢江邊 ·················199	227. 書鑑賞(2) ·················214
198. 陽七月七日 ·················199	228. 書鑑賞(3) ·················214
199. 吟竹 ·················200	229. 書鑑賞(4) ·················215
200. 女息婚事決定 ·················200	230. 書鑑賞(5) ·················215
201. 蘭 ·················201	231. 詠懷(14) ·················216
202. 頌淸潭 ·················201	232. 詠懷(15) ·················216
203. 於漢江邊 ·················202	233. 書鑑賞(6) ·················217
204. 茂谷崔錫和個人展 ·················202	234. 書鑑賞(7) ·················217
205. 石丁李財秉個人展 ·················203	235. 書鑑賞(8) ·················218
206. 梅善崔永淑個人展 ·················203	236. 書鑑賞(9) ·················218
207. 梵丁鄭在祥個人展 ·················204	237. 陵洞兒童大公園 ·················219
208. 小愚姜大桓個人展 ·················204	238. 七月十六日 ·················219
209. 七月十日 ·················205	239. 思妻姪女 ·················220
210. 詠懷(10) ·················205	240. 癸未制憲節(2) ·················220
211. 詠懷(11) ·················206	241. 詠懷(18) ·················221
212. 梅 ·················206	242. 漢詩復興(5) ·················221
213. 看夜景(1) ·················207	243. 漢詩復興(6) ·················222
214. 看夜景(2) ·················207	244. 七月十八日(雨天 1) ·················222
215. 看南山 ·················208	245. 七月十八日(雨天 2) ·················223
216. 婚事一日前 ·················208	246. 七月十八日(雨天 4) ·················223
217. 門生入賞 ·················209	247. 刻字 ·················224
218. 潭園金昌培個人展 ·················209	248. 七月十八日(雨天 5) ·················224
219. 詠懷(12) ·················210	249. 釜山行於京釜線(1) ·················225
220. 七月閑日(1) ·················210	250. 釜山行於京釜線(3) ·················225
221. 七月閑日(2) ·················211	251. 釜山行於京釜線(4) ·················226
222. 七月閑日(3) ·················211	252. 釜山行於京釜線(5) ·················226
223. 芝媛與旼錫旅行 ·················212	253. 釜山行於京釜線(6) ·················227
224. 詠懷(13) ·················212	254. 釜山行於京釜線(8) ·················227
225. 七月十五日 ·················213	255. 釜山行於京釜線(9) ·················228

256. 於七佛寺 ……………………228	286. 閑居⑺ ……………………243
257. 於平沙里⑴ …………………229	287. 憶海印寺入口 ………………244
258. 於平沙里⑵ …………………229	288. 七月二十九日⑴ ……………244
259. 於平沙里⑶ …………………230	289. 見於漢江 ……………………245
260. 於平沙里⑷ …………………230	290. 漢江⑵ ………………………245
261. 於平沙里⑸ …………………231	291. 于閑日⑴ ……………………246
262. 曉日 …………………………231	292. 于閑日⑵ ……………………246
263. 憶七佛寺⑴ …………………232	293. 憶鏡浦臺 ……………………247
264. 惜別 …………………………232	294. 閑居卽事 ……………………247
265. 江邊曉日⑴ …………………233	295. 憶智異山 ……………………248
266. 於對話⑴ ……………………233	296. 早朝卽事⑴ …………………248
267. 於對話⑵ ……………………234	297. 早朝卽事⑵ …………………249
268. 無題⑴ ………………………234	298. 早朝卽事⑶ …………………249
269. 憶杭州 ………………………235	299. 早朝卽事⑺ …………………250
270. 夏日卽事⑴ …………………235	300. 早朝卽事⑻ …………………250
271. 思漁港 ………………………236	301. 漢江⑺ ………………………251
272. 夏日卽事⑶ …………………236	302. 在宅閑居⑴ …………………251
273. 追慕圃隱先祖⑵ ……………237	303. 在宅閑居⑵ …………………252
274. 追慕圃隱先祖⑶ ……………237	304. 在宅閑居⑶ …………………252
275. 休戰50周年 …………………238	305. 漢江⑻ ………………………253
276. 扇面書寫有感 ………………238	306. 閑居⑾ ………………………253
277. 炎夏卽事⑴ …………………239	307. 東京展有感 …………………254
278. 思長谷金宇根先生 …………239	308. 閑居⒀ ………………………254
279. 曉峰物波作品展 ……………240	309. 閑居⒁ ………………………255
280. 閑居⑴ ………………………240	310. 閑居⒂ ………………………255
281. 閑居⑵ ………………………241	311. 桑原史成寫眞展 ……………256
282. 閑居⑶ ………………………241	312. 憶淸明 ………………………256
283. 閑居⑷ ………………………242	313. 癸未七夕 ……………………257
284. 閑居⑸ ………………………242	314. 閑居⒄ ………………………257
285. 閑居⑹ ………………………243	315. 閑居⒅ ………………………258

316. 閑居(19) ·················258	346. 過大邱 ·················273
317. 閑居(20) ·················259	347. 過大田 ·················274
318. 閑居(21) ·················259	348. 立秋以後 ·················274
319. 閑居(22) ·················260	349. 腐敗官僚 ·················275
320. 閑居(23) ·················260	350. 頌吳玉鎭先生古稀 ·········275
321. 閑居(24) ·················261	351. 2003U大會(1) ············276
322. 主婦들의 墨香會 ··········261	352. 閑居(37) ·················276
323. 民族書藝交流展 ···········262	353. 閑居(38) ·················277
324. 閑居(25) ·················262	354. 閑居(39) ·················277
325. 閑居(26) ·················263	355. 閑居(40) ·················278
326. 閑居(27) ·················263	356. 閑居(41) ·················278
327. 閑居(28) ·················264	357. 閑居(42) ·················279
328. 閑居(29) ·················264	358. 閑居(43) ·················279
329. 夏季休暇(1) ··············265	359. 漢江(10) ·················280
330. 夏季休暇(2) ··············265	360. 漢江(11) ·················280
331. 夏季休暇(3) ··············266	361. 2003U大會大邱(2) ········281
332. 夏季休暇(4) ··············266	362. 閑居(46) ·················281
333. 夏季休暇(5) ··············267	363. 閑居(52) ·················282
334. 夏季休暇(6) ··············267	364. 閑居(53) ·················282
335. 夏季休暇(7) ··············268	365. 閑居(54) ·················283
336. 夏季休暇(8) ··············268	366. 釣事 ·····················283
337. 夏季休暇(9) ··············269	367. 限界里九龍洞天回顧 ·······284
338. 夏季休暇(10) ·············269	368. 釜山出張 ·················284
339. 夏季休暇(11) ·············270	369. 晉陽湖畔大飯店 ···········285
340. 夏季休暇(12) ·············270	370. 晚夏涷雨 ·················285
341. 閑居(30) ·················271	371. 晚夏卽事(1) ··············286
342. 閑居(31) ·················271	372. 晚夏卽事(2) ··············286
343. 閑居(32) ·················272	373. 晚夏卽事(4) ··············287
344. 閑居(33) ·················272	374. 晚夏卽事(6) ··············287
345. 鄭夢憲會長 自殺遺憾 ······273	375. 晚夏卽事(7) ··············288

376. 晏海林書法展所感 …………288	406. 筆墨之多樣性展所感 ………303
377. 晩夏涷雨(1) …………………289	407. 閑居(90) ……………………304
378. 漢江(11) ……………………289	408. 閑居(91) ……………………304
379. 晩夏涷雨(2) …………………290	409. 閑居(95) ……………………305
380. 於淸潭洞 ……………………290	410. 憶鏡浦臺 ……………………305
381. 閑居(56) ……………………291	411. 閑居(98) ……………………306
382. 書 ……………………………291	412. 閑居(99) ……………………306
383. 無題(2) ……………………292	413. 內藏山(3) …………………307
384. 閑居(59) ……………………292	414. 閑居(100) …………………307
385. 閑居(60) ……………………293	415. 閑居(101) …………………308
386. 閑居(61) ……………………293	416. 閑居(102) …………………308
387. 閑居(62) ……………………294	417. 閑居(103) …………………309
388. 閑居(63) ……………………294	418. 淸心書會展 …………………309
389. 閑居(65) ……………………295	419. 漢江(17) ……………………310
390. 閑居(66) ……………………295	420. 漢江(18) ……………………310
391. 閑居(67) ……………………296	421. 閑居(104) …………………311
392. 閑居(68) ……………………296	422. 漢江(19) ……………………311
393. 閑居(69) ……………………297	423. 漢江(21) ……………………312
394. 汝矣島有感 …………………297	424. 墨禪先生 ……………………312
395. 閑居(73) ……………………298	425. 閑居(106) …………………313
396. 閑居(78) ……………………298	426. 閑居(107) …………………313
397. 閑居(81) ……………………299	427. 閑居(108) …………………314
398. 漢江(12) ……………………299	428. 憶家兄(1) …………………314
399. 閑居(87) ……………………300	429. 漢江(23) ……………………315
400. 漢江(15) ……………………300	430. 憶恩師 ………………………315
401. 閑居(88) ……………………301	431. 漢江(24) ……………………316
402. 地下鐵所感 …………………301	432. 憶家兄(2) …………………316
403. 憶無垢山房 …………………302	433. 閑居(112) …………………317
404. 墨禪筆墨場 …………………302	434. 名畫所感 ……………………317
405. 閑居(89) ……………………303	

IV. 七言律詩

1. 春日所懷(2) ·············321
2. 春日偶吟(1) ·············322
3. 癸未春分(2) ·············323
4. 仲春偶吟(2) ·············324
5. 春景偶吟 ···············325
6. 成春所懷 ···············326
7. 四月 ··················327
8. 晚春偶吟(1) ·············328
9. 晚春偶吟(2) ·············329
10. 晚春偶吟(7) ············330
11. 晚春偶吟(8) ············331
12. 癸未穀雨節 ············332
13. 詩傳序言讀後感 ·········333
14. 移秧(1) ···············334
15. 移秧(2) ···············335
16. 五月(1) ···············336
17. 五月閑日(4) ············337
18. 憶九龍洞天 ············338
19. 五月卽景(1) ············339
20. 五月想念(5) ············340
21. 五月卽景(6) ············341
22. 到夏所感(1) ············342
23. 南北實務會議陸路利用 ·····343
24. 漢詩復興(1) ············344
25. 癸未顯忠日 ············345
26. 漢詩復興(2) ············346
27. 6·25動亂 53周年(1) ······347
28. 6·25動亂 53周年(3) ······348
29. 內藏山 ················349
30. 見於政勢 ··············350
31. 七月四日 ··············351
32. 詠懷(8) ···············352
33. 視南北陸路連結工事 ·····353
34. 詠懷(16) ···············354
35. 詠懷(17) ···············355
36. 癸未制憲節(1) ···········356
37. 漢詩復興(3) ············357
38. 漢詩復興(4) ············358
39. 憶七佛寺 ··············359
40. 追慕圃隱先祖(1) ·········360
41. 追慕圃隱先祖(4) ·········361
42. 思父母 ················362
43. 漢江(1) ················363
44. 避暑于東海 ············364
45. 忠武祠懷古 ············365
46. 夏季休暇有感(1) ·········366
47. 秋聲賦讀後感 ···········367
48. 8·15光復 五十八周年 ····368
49. 漢江(9) ················369
50. 一山 ··················370
51. 癸未處暑 ··············371
52. 癸未處暑(2) ············372
53. 癸未白露 ··············373
54. 無題(1) ················374
55. 欲登金剛山 ············375
56. 內藏山(2) ··············376
57. 漢江(16) ···············377
58. 白溪退官記念展 ·········378

I. 五言絶句

1. 殷春所感(1)

冷氣寒蘭綻, 淸香滿室流.
是如仙界入, 靑帝我同遊.

찬 기운에 한란이 피어나니, 맑은 향기 방 가득히 흐르네.
이는 선계에 드는 듯하니, 봄 신은 나와 함께 노니누나.

2. 詠蘭

寒蘭何處笑, 盆上綻三光.
乍見文人影, 滿堂播暗香.

한란은 어디에서 피는고, 화분에서 세 송이 피었네.
잠시 보니 문인의 그림자, 방 가득히 향기가 퍼지네.

3. 山水吟

水淸人不厭, 山繞樹靑均.
飛鳥天涯遠, 豁然此地新.

맑은 물 사람들이 좋아해, 푸른 나무 산을 감아 도네.
나는 새 하늘 끝에 멀고, 탁 트인 이 땅이 새롭구나.

4. 春景

柳影鶯聲噪, 晴天鷰舞遐.
陽風何處起, 庭裏遂開花.

버들그늘 꾀꼬리 시끄럽고, 개인 하늘 제비가 날아도네.
봄바람 어디에서 일어나나, 뜰 안에 드디어 꽃이 피네.

5. 文人日常

江邊春色滿, 天碧鳥群飛.
文客詩窮理, 恒常案上歸.

강변에 봄빛이 가득한데, 푸른 하늘 새들이 날고 있네.
문객은 시를 궁리한다고, 언제나 책상 앞에 돌아오네.

6. 偶吟(1)

昨日花開雨, 今朝遂落風.
一場春夢事, 來往自然中.

어제는 꽃 피우는 비 오더니, 오늘 아침 지는 바람 이르네.
한바탕 봄꿈이라고 하지만, 오고 감은 자연히 일어나네.

7. 春日偶吟(5)

雨中楊柳綠, 春氣遂完然.
今日江邊草, 閑流水色連.

빗속에 버들이 푸르니, 봄기운 드디어 완연해.
오늘의 강가에 풀색은, 한가한 물빛에 닿았네.

8. 中東戰二日目

進擊油田域, 美英聯合軍.
現場全面戰, 國境避難群.

진격하는 유전 지역에, 미국과 영국군 합하여.
현장은 전면전 이루고, 국경은 피난민 무릴세.

9. 書之根源(1)

吟詩心上畵, 書寫造形痕.
思考文章化, 自然運筆根.

음시는 마음의 그림이요, 글씨는 조형의 흔적이라.
생각은 문장에 나타나니, 자연은 운필의 뿌리일세.

10. 書之根源(2)

豪端書寫出, 畢竟士人痕.
天地花開節, 春光世上吞.

붓끝에 글씨가 나오니, 그것이 선비의 흔적인가.
천지에 꽃피는 계절에, 봄빛은 세상을 삼키려나.

11. 書之根源(3)

天上仙人降, 必然筆墨言.
詩文如一畵, 賢者主張論.

하늘의 선인이 내려와, 반드시 필묵을 말하리라.
시문이 그림과 같다고, 현자가 주장을 말하리라.

12. 書之根源(4)

藝術詩書畵, 人間血肉同.
心思形象化, 不斷鍊磨功.

예술은 시와 글씨 그림, 인간의 혈육도 한 가질세.
생각을 형태로 바꾸니, 끝없이 단련해 공들이자.

13. 癸未四月(2)

梅花乾坤覆, 今春有別新.
木蓮庭裏白, 英美戰爭辛.

매화가 천지를 덮으니, 이 봄은 별나게 새롭구나.
목련이 뜰 안에 하얀데, 미영은 전쟁하기 힘드네.

* 2003. 4. 1. 미국과 영국이 이라크에서 치르는 힘든 전쟁을 보고.

14. 春日夕陽

草屋孤煙散, 舊巢雙鳥還.
鄕人明月見, 閑暇臥靑山.

초가에 연기가 퍼지니, 옛 둥지 새들이 돌아오네.
촌놈이 밝은 달 보면서, 한가히 청산에 누웠도다.

15. 一思石龍鎭篆刻展(2)

刀筆何材入, 煙筒美術成.
一思痕迹著, 印石象嵌營.

칼끝을 어디에 넣었나, 연통을 미술로 만들었네.
일사의 흔적은 뚜렷해, 인재에 상감을 채용했네.

16. 憶扶餘

往事皆無跡, 山河今尙存.
大橋看百濟, 西野已黃昏.

지난 일 그 흔적 없지만, 산하는 지금도 그대롤세.
대교는 백제를 보는 듯, 서쪽 들 이미 황혼이구나.

17. 晚春偶吟(6)

木蓮庭裏染, 微雨濕江頭.
籬下連翹落, 南山翠氣浮.

목련이 정원을 물들이니, 가랑비 강 머리 적시누나.
울타리에 개나리 지는데, 남산엔 푸른 기운 오르네.

18. 憶雙磎寺

百曲溪回復, 登登險路攀.
黃昏纔到寺, 風磬響雲端.

백곡의 계곡을 돌아서, 험한 길 오르고 또 올랐네.
황혼도 잠시 절에 드니, 풍경은 구름 끝에 울리네.

19. 六月天氣(2)

青山濃綠樹, 休鳥噪林間.
何處眠僧侶, 白雲還碧關.

청산은 푸르게 짙은데, 쉬는 새 숲에서 재잘대네.
어디서 승려가 조는고, 흰 구름 벽관에 돌아오네.

20. 憶東大山

細雨山途濕, 林間十里風.
樹杪青葉動, 幽處暗香通.

가랑비 산길을 적시니, 숲 속에 십리 길 바람이라.
나무 끝 푸른 잎 흔들려, 선경에 꽃향기가 통하네.

21. 詠懷(2)

洞里黎民少, 松林秀態多.
巖間流澗水, 狂樣唱歌花.

마을엔 백성이 드물고, 솔숲엔 빼어난 게 많구나.
바위 사이 흐르는 물 있어, 미친 듯 꽃 보고 노래하네.

22. 七月偶吟(1)

昨日花開落, 書壇吹淨風.
可憐人萬事, 生涯暫間中.

어제는 꽃 피고 지더니, 서단에 맑은 바람이 부네.
가련타 인간의 만사가, 생애에 잠깐의 일인 것을.

23. 詠懷(2)

微雨江頭濕, 漢江閑水流.
如今忙世事, 孰也有何愁.

가랑비 강 머리 적시니, 한강은 한가하게 흐르네.
지금은 세상사 잊고파, 누구라도 근심은 있겠지.

24. 詠懷(5)

小舟橫冽水, 冠岳已黃昏.
船上思春節, 人生日暮論.

작은 배 한강을 가르는데, 관악은 이미 황혼일세.
배에서 봄날을 생각하니, 인생도 해거름 말하네.

25. 詠懷(7)

鶴髮垂竿客, 確然世隱翁.
若非書藝醉, 恒伴去來鴻.

흰머리 낚싯대 드리우니, 분명한 때 등진 노인일세.
만약 서예에 안 취했다면, 언제나 오가는 기러기로다.

26. 憶白馬江

日沒皐蘭寺, 東皇滿室樓.
釣龍流水洗, 花落今殘愁.

해지는 고란사에는, 봄기운이 다락에 가득하네.
용 낚아 흐른 물에 씻고, 꽃 진 지금 시름만 남아.

27. 夏日偶吟

霞沒微風起, 炎天熱換凉.
蟬鳴無止夜, 來往車奔忙.

노을 지자 미풍 일어나니, 더운 날 열 시원히 바뀌네.
매미는 밤새껏 울어대니, 오고가는 차들도 바쁘구나.

28. 何日偶吟

靜處無人跡, 四方半月明.
忽然聽犬吠, 帶酒友來驚.

조용하여 인적이 없는데, 사방은 반달이 밝혀주네.
홀연히 개 짖는 소리 나니, 술 들고 친구 와 놀랐네.

29. 荷

秋到當花落, 泥中獨發紅.
根莖依得力, 不遠不從風.

가을엔 당연히 꽃 지나, 진흙에 불그레 홀로 폈네.
줄기에서 힘을 받게 되면, 머잖아 바람도 밀치리라.

30. 思書

一筆生翰墨, 萬痕皆緊要.
蓋書言有法, 實像在胸描.

한 필에 붓질을 일으키니, 흔적은 모두가 긴요하네.
글씨는 법이라 말하는데, 실상은 가슴에서 그리네.

31. 書寫味(1)

硯池移掬水, 閑坐灑名詩.
自聲幽居樂, 無論何者知.

연지에 한 움큼 물을 옮겨, 한가히 명시를 뿌려보네.
스스로 유거가 즐거운데, 당연히 누구도 아는 것을.

32. 書寫味(2)

城中春色溢, 喜舞萬人知.
到處花開滿, 遊人夜不歸.

성 안에 봄빛이 넘쳐나니, 기쁜 춤은 누구나 알더라.
도처에 꽃 피어 가득하니, 놀이꾼 밤에도 가지 않네.

33. 何日卽事

我有長居宅, 淸潭洌水邊.
夜深明月獨, 是卽好因緣.

나는 한 집에 오래 살아, 청담동 한강의 가에라네.
깊은 밤 명월만 밝은데, 이야말로 참 좋은 인연일세.

34. 七月閑日(5)

筆痕文化力, 必是正心書.
字劃無魂魄, 萬人有別舒.

필흔은 문화의 힘인데, 반드시 마음이 발라야 해.
자획엔 혼백이 없으니, 모든 이 별도로 펼친다네.

35. 制憲節(3)

以法民生察, 寬容現實爲.
英雄何處在, 所慾不踰規.

법으로 민생을 살핀다면, 관용을 하는 건 현실이라.
영웅이 어디에 있다던고, 욕심도 규범에 맞게 내네.

36. 韓屋村

日暮南山麓, 步行細路新.
舊街韓屋盛, 出入問何人.

해 저문 남산골 아래에서, 보행은 작은 길 새롭구나.
옛 거리 한옥이 들어서고, 출입은 누구에게 물을까.

37. 七月十八日(雨天 3)

煙霞江岸覆, 靑草茂靑堤.
楊柳其間在, 自然造化兮.

연하가 강둑을 뒤덮는데, 푸른 풀 푸른 둑 무성하네.
버들이 그 사이 늘어서니, 자연의 멋진 조화로구나.

38. 釜山行於京釜線

四方靑色滿, 一線照陽光.
霖雨眞奇異, 暫時造化望.

사방은 푸른 빛 가득한데, 한 가닥 햇볕이 비치는구나.
장마는 참으로 기이하니, 잠깐의 조화를 보는구나.

39. 釜山行於京釜線(7)

小川水流濁, 釣士老翁閑.
霖雨魚群有, 鳥飛四五還.

시내에 흐르는 물 탁하지만, 낚시꾼 늙은이 한가하네.
소나기 어군이 늘어나니, 나는 새 너덧 마리 돌아와.

40. 頌閔庚賢先生

當初逢海外, 三十有加三.
諸士多尊貴, 其中箺又藍.

처음엔 해외에서 만났는데, 삼십 년에 삼 년을 더하네.
많은 선비 모두가 귀하나, 그 중에 우람 선생 우뚝하네.
*2003. 7. 22.

41. 自樂(卍海先生詩次韻)

淸談朋共樂, 終日務吟詩.
世事無關係, 瓊章興起時.

청담은 친구와 즐기는 것, 왼 종일 시작에 힘을 쏟네.
세상사 아무런 관계 없어, 좋은 글 흥 일 때 지어지네.

42. 寄學生

脫線生涯恥, 爲邦死卽佳.
不休螢雪積, 今後好隣誇.

탈선은 생애의 수치이고, 나라 위함 죽으면 아름답네.
쉬잖코 힘들여 쌓는다면, 금후엔 좋은 이웃 자랑하리.

43. 贈別(卍海禪師詩 次韻)

世上無逢易, 書壇別者奇.
昔盟煙氣變, 從益必要期.

세상은 안 만남이 없다네, 서단에 기이한 별놈 있네.
그 옛날 맹세는 연기 되고, 이익을 따라서 요구하네.

44. 夏天卽事

岸垂煙碧柳, 長阜覆靑霞.
自得無言句, 何如難事多.

둑에 드리운 이내 낀 버들, 긴 언덕 푸른 이내 덮었네.
저절로 말 없는 글귀 있어, 왜 이리 어려운 일 많은지.

45. 憶七佛寺

頭流山七佛, 靜寞麗周邊.
近者新生寺, 來人合掌先.

지리산 칠불사에 갔더니, 조용한 주변이 너무 곱더라.
근래에 새로 지은 절인가, 온 사람 먼저 하는 합장이.

46. 寄學徒

生死從天運, 人間不解憂.
諸家荊棘滿, 閑暇白雲浮.

생사는 하늘이 내린 운명, 인간은 근심을 풀이 못해.
모든 이 형극에 꽉 찰 때, 한가한 흰 구름 떠나가네.

47. 江邊曉日(2)

樹間蟬亂聽, 一片白雲浮.
不語逢詩句, 天機我亦遊.

나무 사이 매미는 시끄럽고, 한 조각 흰 구름 떠가네.
말 없어도 시구는 만나는데, 하늘 뜻에 나 역시 노니네.

48. 江邊曉日(3)

古木蟬鳴亂, 遠林不墨屛.
無言詩自得, 心裏狎鷗亭.

고목엔 매미 소리 어지럽고, 먼 숲은 안 그려도 병풍일세.
말없이 얻게 된 시 한 수, 마음속에 압구정동이로다.

49. 江邊曉日(4)

世間朋未易, 何處有緣人.
先約今無令, 舊盟散片鱗.

세상에 친구 아님 바꿔야, 어디든 연 닿은 사람 있어.
선약이 지금은 쓸데없어, 맹세는 비늘처럼 흩어지네.

50. 江邊曉日(5)

瓦樣生爲恥, 如瓷死亦佳.
萬民經濟壞, 夜裏月明遐.

기와의 모양에 부끄럽고, 도자기도 사후에 아름답네.
만민은 경제가 무너져도, 밤중엔 밝은 달 멀어지네.

51. 蘭

或人紅紫好, 余愛是蘭青.
雪裏當生氣, 胸中更覺醒.

혹간은 붉은 걸 좋아하나, 나는 파란 난을 사랑해.
눈 속에 당연히 생기나니, 마음은 또다시 각성하네.

52. 江邊夜雨

昨夜江邊雨, 水流我枕安.
曉明看樹上, 飛鳥一群觀.

어젯밤 강가에 비 오더니, 물소리 내 베개 편안했네.
새벽에 나무를 바라보니, 한 무리 새들이 날아가네.

53. 閑居(8)

都市人心厭, 閑村性品良.
只今離故里, 不遠索鄕堂.

도시의 인심은 싫어지고, 한촌의 성품이 좋아지네.
지금은 고향을 떠났지만, 머잖아 고향집 찾으리라.

54. 閑居(9)

洌水靑堤上, 柳陰江岸垂.
遠看天極裏, 去雁白雲移.

한강은 푸른 둑 위에 있고, 버들은 강둑에 드리웠네.
멀리 본 하늘 끝 그 속에, 흰 구름 기러기 간 듯하네.

55. 閑居(10)

白雲天極落, 松竹自然籬.
瀑布長川上, 他人應不知.

흰 구름 하늘 끝에 지는데, 송죽은 자연의 울타릴세.
폭포는 긴 강의 위에 있어, 남들은 당연히 알지 못해.

56. 於七佛寺

遠響圓音閣, 暫留亞字房.
山中新築寺, 七佛說禪堂.

머얼리 울리는 원음각과, 잠시 머문 아자방이라.
산중에 새로 선 사찰인데, 칠불의 선당을 설명하네.

57. 七月二十九日(2)

海邊遊客滿, 市内往來疏.
暖氣炎天厭, 松陰願讀書.

해변엔 유객이 가득하고, 시내엔 오감이 소홀하네.
뜨겁게 더운 날 싫은데, 솔 그늘에 책이나 읽었으면.

58. 看漢江

太陽無變照, 明月滿空山.
鷗飛江岸狎, 獨坐我心閑.

태양은 언제나 비치는데, 밝은 달은 빈 산을 비추네.
갈매기 강둑에 모이는데, 혼자라 마음만은 한가롭네.

59. 于閑日(3)

東窓明旭日, 北岳尚朦朧.
定座文章考, 西天已欲紅.

동창이 불그레 밝는데도, 북악은 오히려 몽롱하네.
앉아서 문장을 생각하니, 서천은 이미 노을이 지네.

60. 早朝即事(4)

碧空飛鳥遠, 無客不開門.
萬物從觀法, 閑居即乾坤.

하늘엔 새 날아 멀어지고, 손 없어 문조차 열지 않네.
만물은 법대로 보이는데, 한가하면 천지가 가깝다네.

61. 早朝卽事(5)

靜臥松陰暮, 淸風不讓余.
携壺何處到, 朋友筆遊書.

조용히 솔 그늘 저무는데, 바람은 나에게 양보 않네.
술 들고 어디든 가지만, 벗들은 붓으로 놀자 하네.

62. 早朝卽事(6)

閑暇江邊步, 炎天熱氣來.
陰濃休息弄, 萬事太平哉.

한가히 강변을 거닐 때에, 더운 날 열기가 찾아드네.
그늘에 휴식으로 노닐자니, 만사가 태평하게 느끼네.

63. 憶布穀

林間鳴布穀, 與友買促壺.
山鳥何喧噪, 到春恒自呼.

숲에서 뻐꾸기 울어대니, 벗과 함께 술병을 사게 되네.
산새는 어이해 시끄럽나, 봄 되면 언제나 절로 불러.

64. 漢江(3)

江岸鷗飛滿, 霧煙水自波.
片舟何處向, 一曲棹歌娛.

강둑엔 갈매기 가득 날고, 안개에 물결은 절로 이네.
조각배 어디로 향하는가, 한 곡조 뱃노래 즐겨보세.

65. 漢江(4)

今日江邊霧, 水流西海流.
暫時靑岸視, 一葉片舟浮.

오늘은 강가에 안개 끼고, 흐른 물 서해로 흘러가네.
잠깐만 푸른 둑 바라보니, 자그만 조각배 떠 있구나.

66. 漢江(5)

漢江多小島, 汝矣外加三.
栗島仙遊島, 中之最上談.

한강엔 작은 섬이 많은데, 여의도 이외 세 섬 더하네.
밤섬과 선유도가 있으나, 중지를 최상이라 말하네.

67. 漢江(6)

日暮嵐風起, 近家碧霧浮.
水流鷗影集, 兩岸往片舟.

해 지자 산바람 일어나고, 집 근처 푸른 안개 떠있네.
물 흘러 갈매기 꼬여들고, 양 둑엔 조각배 오고가네.

68. 在宅閑居(4)

白雲山野覆, 松柏自靑長.
不厭常看雨, 近人其味忘.

흰 구름 산야를 뒤덮어도, 송백은 저절로 푸르구나.
둘 항상 보아도 싫지 않아, 사람들 그 맛을 잊었으리.

69. 在宅閑居(5)

雲霧山河浸, 居人每不關.
遙望淸氣極, 江上水流斑.

운무가 산하에 스며들어, 사람들 언제나 간섭 않네.
아련히 맑음은 지극한데, 강 위엔 물 흘러 얼룩지네.

70. 閑居(12)

酒傾朋友有, 日暮坐街頭.
約束時間越, 不來音樂流.

술 있음 친구도 있음이니, 해질녘 길가에 앉았구나.
약속한 시간이 넘었는데, 오지 않고 음악만 흐르누나.

71. 七佛寺

近方無人跡, 空山小鳥鳴.
老僧看外路, 何處讀經聲.

근처에 인적이 없는데, 공산엔 작은 새 울고 있네.
노승은 길 밖을 보는데, 어디서 경 읽는 소리 들려.

72. 閑居(16)

暖日草堤茂, 水流柳拂絲.
我心應有事, 內子酒肴隨.

따스한 날 풀 둑은 무성해, 물 흘러 버들은 흔들려.
내 마음 당연히 일 있는데, 안사람 술안주 따르네.

73. 夏季休暇有感(2)

暫留巨濟島, 大宇造船頭.
壬亂倭軍滅, 威容玉浦樓.

잠깐만 머무른 거제도라, 대우의 조선이 최고로다.
임진년 왜군을 전멸시킨, 위용의 옥포루 우뚝하다.

74. 書刻禮讚

刻字胸中像, 刀痕讀造形.
陰陽凹凸美, 存在味無停.

새김은 마음의 형상이라, 칼 흔적에 조형을 읽네.
음양의 요철은 아름다워, 존재의 거침없는 맛이라.

75. 閑居(34)

氣像連天聳, 忠情旭日明.
丈夫言事裏, 無慾必無爭.

기상은 하늘 이어 솟았고, 충정은 해처럼 밝구나.
사나이 언사의 속에는, 욕심으로 다투지 않으리.

76. 閑居(35)

五里無人跡, 空山小鳥鳴.
逢僧前路問, 幽處不分明.

오리에 인적이 없으니, 공산에 작은 새 울고나.
중 만나 앞길을 묻는데, 유처가 어딘지 흐릿해.

77. 閑居(36)

梧影濃陰下, 凉尋客不歸.
微風搖萬葉, 乃驚鳳凰飛.

오동나무 짙은 그늘 아래, 찾아든 손님은 안 가네.
미풍은 잎들을 흔드는데, 이에 놀란 봉황새 나네.

78. 閑居(44)

公庭群雀下, 啄索餌門前.
靜裏觀其理, 居安一體全.

빈 뜰에 참새 떼 내려와, 문전에 먹이를 쪼고 있네.
조용히 그것을 바라보며, 편하게 이 몸이 온전해.

79. 閑居(45)

閑餘揮筆紙, 墨竹一竿成.
掛壁時時視, 氣通無不平.

한가로이 종이에 붓질하니, 대나무 한 가닥 이루었네.
벽에 걸고 때때로 보니, 기가 통해 불평이 없구나.

80. 閑居(47)

幽谷靑山裏, 出來洌水邊.
高堤看遠景, 早還白鷗焉.

그윽한 청산의 속에서, 한강의 물가로 나왔네.
높은 둑 멀리 본 경치, 갈매기 일찍이 돌아오네.

81. 閑居(48)

江廣南山遠, 廈高夏日凉.
樹林成鵲處, 每報子孫昌.

강 넓고 남산은 저 멀리, 빌딩 높고 여름날 시원하네.
숲에는 까치집 이루었고, 언제나 자손 번창 알려오네.

82. 閑居(49)

窓外微聲雨, 蕭聽雨發聲.
聲聞其非雨, 早秋自然聲.

창밖에 가랑비 오는 소리, 대밭에 비 소리 들리는가.
그 소리 비 소리 아니라, 일찍 오는 가을의 소리일세.

83. 回憶七佛寺(1)

偶然山寺訪, 已晚打鐘鳴.
蓮燈皆欲滅, 第宿不溪聲.

우연히 산사를 찾았더니, 이미 늦어 종치는 소리 들려.
연등은 모두가 꺼지려 하니, 아마도 시내소리 머물려나.

84. 閑居(50)

江邊臨大廈, 吾處摘星樓.
洌水閑流貌, 早凉已近秋.

강가에 빌딩이 이어지니, 내 집은 별 따는 집이라네.
한강은 한가로이 흐르는데, 일찍이 가을 이미 가까웠나.

85. 回憶七佛寺(2)

寺刹山頭在, 水仙花自開.
東庭旅客至, 恰似古朋來.

사찰은 산 위에 있는데, 수선화 멋대로 피어있네.
동정호에 여객이 이르니, 마치 옛 친구 부르는 듯.

86. 閑居(51)

黃光牆角照, 樹木葉丹明.
間聽殘蟬泣, 秋情近處生.

노란 등 담장에 비치는데, 나뭇잎 분명하게 붉그레.
간간이 매미가 울어 예니, 가을은 근처에 생겨나네.

87. 閑居(55)

家在靑山裏, 從來有寶簫.
何時吹一曲, 但是不知謠.

내 집은 청산에 있는데, 예부터 귀한 통소 있었네.
언제나 한 곡조 불거나, 다만 바른 노래 모른다네.

88. 閑居(56)

冠岳連天極, 漢江黃海流.
每年堤防路, 衆渡夕陽橋.

관악산 하늘에 닿아있고, 한강은 서해로 흘러가네.
해마다 방둑을 가는 길은, 무리가 건너는 석양다리.

89. 晩夏卽事(3)

紅霞餘雨氣, 多處起新愁.
明月從君樂, 江岸水安流.

노을에 비 기운 남았고, 다처에 신 걱정 일어나네.
밝은 달 그대와 즐겁고, 강안은 물 편히 흐르누나.

90. 2003大邱U大會反共集會

人共旗燒却, 言論報導難.
山川無變動, 遺憾李長官.

인공기 소각해 없앴지만, 언론의 보도는 어렵구나.
산천은 변동이 없다는데, 이장관 행동이 서운하다.

* 2003. 8. 27

91. 晩夏卽事(5)

水村山廓裏, 遊客四方來.
日暮人皆去, 忽然倚古臺.

강 마을 산성에 둘러져서, 유객이 사방에서 찾는구나.
해 지자 사람들 사라지고, 홀연히 옛 돈대 기대어보네.

92. 憶雪嶽山

雪嶽連天笻, 百川入海流.
每年香草路, 紅日大橋休.

설악은 하늘과 이어졌고, 백 도랑 바다에 흘러들어.
해마다 향초의 길이었지, 붉은 해 대교에 쉬고 있네.

93. 閑居(57)

落雁長堤岸, 歸帆遠浦頭.
寒風秋夜冷, 閑寂慕情樓.

기러기 긴 둑에 내려앉고, 돛단배 포구에 돌아오네.
찬 바람 가을 밤 차가운데, 한적한 모정의 누대로다.

94. 閑居(58)

遠山秋色照, 路上少行人.
綠樹西窓影, 虹橋暮景親.

먼 산에 가을빛 비치는데, 길가엔 행인이 드물구나.
녹수는 서창에 그늘지고, 무지개 저물녘에 친하네.

95. 憶西安

大醉西安酒, 民謠日暮還.
漢城多俗客, 弄遊是人間.

대취한 서안의 술이라서, 민요는 해거름에 돌아오네.
한성의 하 많은 속인들, 노는 것이 바로 인간들이라네.

96. 憶桂林(꿰이링) 牧童

如焱秋山貌, 牽牛有少童.
歸家明月伴, 觀者類相同.

불 같은 가을 산 모습에서, 소 끄는 어린 목동 있었네.
귀가 때 밝은 달 동반하니, 보는 이 한 가지로 생각해.

97. 閑居(64)

白露秋空下, 山中禽獸奔.
適當枝取得, 巢作有乾坤.

이슬은 가을의 하늘 아래, 산중엔 짐승들 바쁘구나.
적당히 가지를 얻는다면, 집 지면 건곤이 존재하네.

98. 偶然寫蘭

閑天閑弄筆, 一氣一蘭花.
餘暇時時察, 又看又亦佳.

한가해 한가히 붓질하니, 일기에 난 하나 쳐냈구나.
여가에 때때로 살펴보고, 또 보니 역시나 아름답네.

99. 憶晉陽湖畔宿

晉陽湖水淨, 別墅聳淸家.
隅隅蓬蓬濕, 竹村彼岸遐.

진양의 호수는 맑은데, 별서가 선명히 솟아있네.
구석엔 쑥들은 젖었고, 대밭은 저편에 멀리 있네.

100. 閑居(70)

丹楓霜覆葉, 錦繡變銀花.
虛室忘言在, 多難世事遐.

단풍은 서리가 잎을 덮어, 금수는 은 꽃이 되었구나.
빈방엔 잊은 말 있었는가, 어지러운 세상사 멀구나.

101. 閑居(71)

暗來靑樹下, 獨坐視前松.
半片登明月, 必然寫筆鋒.

어둠은 푸른 나무 아래에, 혼자서 앞 솔을 바라보네.
반쪽의 밝은 달 떠오르니, 필연코 붓끝을 움직이네.

102. 閑居(72)

塞耳長聾啞, 口無兩眼存.
亂絲翁鬱事, 常視不能言.

귀먹은 벙어리 오랜지라, 입 없어 두 눈만 멀뚱하네.
뒤엉킨 실타래 일 같으나, 늘 보면 말하기 어렵다네.

103. 閑居(74)

仙人何處在, 我與數年遊.
白鶴蒼空去, 今天片月秋.

신선이 어디에 거하느뇨, 나와 함께 수년간 놀았도다.
백학이 창공을 날아가면, 오늘은 조각달의 가을이라.

104. 憶無垢山房

智異洪溪里, 紫煙自起陰.
殘蟬鳴白晝, 幽谷必然吟.

지리산 홍계리 한 구석에, 보랏빛 이내가 그늘 지워.
늦매미 한 낮에 우는데, 유곡엔 반드시 시를 읊네.

105. 閑居(76)

都市江山勝, 新亭景色優.
客尋留處在, 詩想起如流.

도시가 강산을 앞지르니, 새 정자 경치가 우아하네.
찾은 손 머무를 곳 있어, 시상은 샘처럼 일어나네.

106. 憶晉陽湖畔

松間酬酌展, 江岸戀人閑.
巖罅泉聲細, 無笻獨自還.

솔 사이 수작을 펼치니, 강둑엔 연인이 한가롭네.
바위틈 샘 소리 가늘고, 짝 없이 혼자서 돌아왔네.

107. 閑居(77)

秋陽生古木, 巖澗靑苔斑.
雲影蒼空渡, 舊城夕照攀.

가을빛 고목에 생기니, 바위 틈 푸른 이끼 얼룩져.
구름이 창공을 건너니, 옛 성을 석양에 올라가네.

108. 閑居(79)

紫雲橫里覆, 紅白木蓮花.
白雲山上散, 流水汲煎茶.

서기가 마을을 뒤덮으니, 홍백의 목련화가 피는구나.
흰 구름 산 위로 사라져, 유수 길어다 차를 끓이네.

109. 閑居(80)

楓葉秋風落, 遙看赤夕霞.
深溪流水冷, 不見一黃花.

단풍은 가을바람에 지고, 저 멀리 저녁 놀 붉어졌네.
깊은 골 흐르는 물 찬데, 국화는 한 송이 보이잖네.

110. 漢江(13)

漢江垂柳影, 煩雜鷺梁津.
四六臣魂魄, 無言歲月伸.

강가엔 버들그늘 드리워, 번잡한 노량진이로구나.
사육신 혼백이 머무는 곳, 말없이 세월만 펴지네.

111. 漢江(14)

南山尖塔上, 一片白雲浮.
閑暇蒼空下, 溶溶漢水流.

남산의 뾰죽탑 위에서는, 한 조각 흰 구름 떠 있어.
한가히 창공의 아래에는, 질펀한 한강수 흘러가네.

112. 閑居(82)

(深山)幽谷魚遊泳, (閑暇)碧波釣錘垂.
(何處)山川今不變, (人生)有意自當知.

유곡엔 고기가 헤엄치고, 푸른 물 낚시 추 드리우네.
산천은 지금도 변함없어, 유의하면 당연히 절로 알지.

113. 閑居(83)

淸言雖共客, 眞喜獨穩全.
凍雨蕉先響, 換晴覆自煙.

좋은 말 비록 손과 함께, 참 기쁨 나 홀로 온전히.
소나기 파초가 먼저 울려, 개이면 흰 이내 덮이지,

114. 閑居(84)

六十人生歷, 雜多世事知.
千愁身變在, 智慧克心支.

육십의 인생을 지나보면, 잡다한 세상사 알게 되지.
많은 시름 몸으로 지탱해, 지혜로 마음을 견뎌내지.

115. 閑居(85)

暮日依亭子, 離君勸一杯.
江風無理解, 閑暇打靑波.

해질 녘 정자에 기대어, 가는 너 한잔 술을 권하지.
강바람 이해가 안 되나, 한가하게 청파를 때리는가.

116. 閑居(86)

山上雙飛鳥, 片雲閑暇浮.
人生從歲月, 間或比江流.

산 위에 새 두 마리 날고, 조각구름 한가히 떠있네.
인생은 세월을 따르지만, 더러는 강물에 비유하지.

117. 閑居(92)

夜半微聲雨, 雁鴻岸下洲.
暮煙村落繞, 流水小舟求.

밤중에 가랑비 소리 나니, 기러기 둑 아래 물가에서.
저문 연기 시골에 두르고, 유수는 작은 배 찾는구나.

118. 閑居(93)

早朝雲出水, 煙白繞閑村.
山麓秋風近, 紫霞如此昏.

아침에 물에서 구름 일고, 흰 연기 한촌을 감아도네.
산 아랜 가을바람 가깝고, 노을은 이렇게 어둑해지네.

119. 閑居(94)

讀書窓架晝, 秋夜對蟲聲.
明月高空照, 是如造構成.

독서는 한낮의 창가에서, 가을밤 벌레소리 대하네.
밝은 달 고공에서 비치니, 이처럼 어울리게 만들었네.

120. 閑居(96)

分數何人有, 是非何處從.
秋風楓葉落, 愁樂我他逢.

분수는 누구나 있는거라, 시비는 어디든 따라오지.
가을바람 낙엽이 지는데, 근심과 기쁨 함께 만나네.

121. 閑居(97)

夜來窓外泣, 冷氣恐秋蟲.
雜草丹楓變, 人間必是同.

밤이면 창밖에서 우는데, 추위에 가을벌레 두렵나봐.
잡초도 단풍으로 변하니, 인간도 반드시 이와 같아.

122. 肇秋(1)

蕭蕭楓葉落, 余錯雨後聲.
窓架開門視, 南山掛月明.

우수수 낙엽이 떨어지니, 나는 비온 뒤로 착각했네.
창가에서 문 열고 보는데, 남산엔 밝은 달 걸렸네.

123. 肇秋(2)

江岸濃雲霧, 不言閑水流.
柳絲黃葉變, 碇泊片舟浮.

강둑엔 운무가 짙은데, 말없이 한가히 물 흐르네.
버들잎 황색으로 변하고, 매어둔 조각배 떠있네.

124. 早秋有感

紅日西山沒, 垂陰影不齊.
成燕南向備, 吟詠作何題.

붉은 해 서산에 저무는데, 드리운 그늘이 각각일세.
큰 제비 남으로 가려는데, 읊으려니 무엇을 지을까.

125. 示威有感

(勞動)集團橫利己, (健全)社會不安連.
(政治)得失黎民及, (相互)事前對話先.

(노동)집단의 이기가 가득하니, (건전)사회의 불안이 이어지네.
(정치)득실은 백성에 이어지고, (서로)사전에 대화가 우선일세.

126. 漢江(20)

千曲江回復, 水流繞岸淸.
片舟閑暇渡, 濃霧四方橫.

천 굽이 강물은 돌아들고, 물 흘러 강둑을 맑게 감네.
조각배 한가히 건너는데, 짙은 안개 사방에 깔렸네.

127. 漢江(22)

漢江秋影倒, 搖動小舟歌.
水裏魚群泳, 大橋打碧波.

한강에 가을그늘 드리워, 작은 배 흔들리며 노래해.
물속엔 고기 떼 헤엄치니, 큰 다리 때리는 푸른 물결.

128. 閑居(109)

(千年)古寺丹楓落, (林茂)深山禽獸鳴.
(天暗)月明幽處寂, (淸溪)石澗水流琤.

옛절에 단풍잎 떨어지니, 깊은 산 짐승들 울어대네.
밝은 달 그윽히 적막하니, 돌새에 물소리 굴러가네.

129. 閑居(110)

(只今)世外知誰正, (現實)人間定孰非.
(何事)于先催擧酒, (醉遊)其後樂吟詩.

세상밖 누가 바름 알겠나, 인간은 누굴 부정 못하네.
우선은 술잔을 들어보고, 그 후에 음시나 즐겨보세.

130. 閑居(111)

(自然)綠水常無變, (北岳)巖山定聳姿.
(深夜)雨聲窓外止, (暗宵)雲隙月如眉.

녹수는 언제나 변함없고, 바위산 우뚝 선 모습일세.
빗소리 창밖에 그치더니, 구름새 눈썹 같은 달이라.

131. 名畵所感

分明看印跡, 時代易難知.
疎忽精誠脫, 始終不孰之.

분명히 인적은 보이는데, 시대를 알기가 어렵구나.
소홀해 정성을 벗어났나, 끝까지 누군지 모르겠네.

II. 五言律詩

1. 好藝

(東方)諸處名山石, (砂布)鍊磨選刻心.
(逸士)胸中存守墨, (箋喧)紙上置虛言.
(何人)書寫因文氣, (孰也)世塵除筆任.
(如此)與君遊藝術, (殘痕)必是換千金.

여러 곳에 명산의 돌이 있어,
연마하면 마음을 새기겠네.
가슴속엔 먹 정신을 지키고,
종이 위엔 빈 말을 늘어놓네.
서사는 글 기운으로 인하니,
세상 티끌 붓에 맡겨 지우세.
그대와 더불어 예술에 노니,
이는 꼭 천금으로 바뀌리라.

* 괄호 안의 글자를 더하면 칠언율시가 됨.

2. 癸未春分(1)

歲月如流去, 春分晝夜同.
山形圖畵滿, 路上世情空.
遠國中東戰, 油田槿域通.
何時平定復, 爲是萬邦窮.

세월은 흐르듯 가는데,
춘분은 밤낮이 같다네.
산 모양 그리듯 꽉 차고,
거리엔 세정이 비었네.
먼 나라 중동은 싸우고,
유전은 우리와 통하네.
언제나 평화가 오려나,
이로써 세계가 연구하네.

3. 六月何日

結廬幽谷澗, 地僻自心閑.
巖上山光滿, 水中鱖泳斑.
淸流芝草影, 靜撫古書頑.
車輛門前到, 此如都邑還.

오두막 골짝 물 흐른 곳은,
후미져도 마음은 한가롭네.
바위엔 산 빛이 가득하고,
물 속엔 쏘가리 얼룩 하네.
맑게 흐르는 지초 그늘에,
조용히 고서 보길 고집하네.
차량이 문전에 와 닿으면,
이렇게 도읍에 돌아와 있네.

4. 栗谷先生詩次韻

人愛霜中菊, 摘英浮滿觴.
幽香加酒味, 秀色浸詩腸.
大陸多如此, 我邦何者嘗.
情談生是處, 詩酒必然場.

사람은 서리 맞은 국화 좋아해,
꽃 따서 잔 속에 가득 띄워.
좋은 향기 술맛을 더 돋우니,
좋은 색은 시 생각 담그더라.
대륙에는 이런 것이 많다던데,
우리나란 누가 일찍 맛봤나.
정담이란 이런 데서 생기는 법,
시와 술은 반드시 한 곳일세.

5. 深夜歸家

明月庭中滿, 車聲諸處生.
夜深加醉氣, 窓外暗魂驚.
幽谷東山黑, 銀河天上明.
飮長歸路晚, 忽起向家行.

밝은 달 뜰 안에 가득하고,
차 소리 여기 저기 들리네.
밤 깊어 취기가 더해지니,
창 밖에 편 어둠에 놀랐도다.
유곡의 동산은 어두운데,
은하는 하늘에서 밝게 빛나.
너무 마셔 귀로가 늦으니,
얼른 일어나 집으로 가야지.

6. 七月閑日(4)

人間從苦樂, 大槪感心中.
一日悠然展, 每年燦爛充.
獨身難雜事, 兩儔餘裕豊.
平素宜當順, 也誰幸運逢.

인간은 고락을 찾아가나,
대개는 마음으로 느낀다네.
하루를 유연히 펼친다면,
해마다 찬란하게 가득하지.
독신은 잡일이 어려우니,
짝이면 여유 있어 풍성하지.
평소엔 마땅히 순리대로,
누구도 다행함을 만나겠지.

7. 夏日卽事(2)

茅屋東明始, 依筇出柴門.
殘星淡有數, 半月已無痕.
竹葉微風響, 蓮花細雨煩.
炎天要冷氣, 不覺鳥聲喧.

초가에 동쪽이 밝아지니,
지팡이 짚고 사립문 나서네.
잔별은 몇 개가 흐릿해,
반달은 이미 그 흔적 없구나.
댓잎은 미풍에도 소리나,
연꽃은 가랑비에 번거롭네.
더위에 찬 기운 원하나,
못 깨친 새들만 시끄럽구나.

8. 憶河東岳陽樓

昔日洞庭畔, 只今岳陽樓.
頭流山麓近, 沃土田畓浮.
朋友乘車輛, 遠川圖畵舟.
蟾津江岸渡, 兩道往來遊.

옛날에 동정호 가였는데,
지금은 하동의 악양루로다.
지리산 끝자락 가까운데,
옥토는 논밭으로 떠 있네.
친구와 자동차 타고 가니,
먼 개울 그림 배 떠 있네.
섬진강 강둑을 건너면서,
두 도를 오가며 노니누나.

9. 過洛東江

萬疊靑山裏, 閑流渡洛東.
路邊唯有露, 松下自無風.
遠水鷗飛白, 朝陽鮮血紅.
誰知余老客, 四海一周翁.

겹치는 청산을 지나다가,
한가한 낙동강 건너는구나.
길가엔 오로지 이슬인데,
솔 아랜 바람 불지 않네.
저기엔 갈매기 희게 날고,
아침 해 피처럼 붉구나.
뉘 알리 나 같은 늙은이,
세계를 한 바퀴 돌았다네.

10. 寶鏡寺

是處眞仙界, 新羅佛國宮.
推門塵自洗, 座席信心隆.
巖影山如綠, 松陰葉似紅.
觀時千古事, 寶鏡寺蒼空.

여기가 참으로 선계인가,
신라의 부처님 궁궐이라.
문 밀면 저절로 씻어져,
자리는 믿음이 융성하네.
바위 그늘 산과 푸른데,
솔 그늘 잎마저 붉구나.
볼 때는 천고의 일들을,
보경사 하늘은 푸르구나.

11. 念善竹橋次韻(五山 車天輅)

善竹紅鮮血, 清風不變今.
其霜圃隱節, 高日李杜心.
石破危橋隙, 松陰暮色沈.
丈夫多感歎, 擧酒頌幽襟.

선죽교에 선혈이 붉은데,
청풍은 지금도 변함없네.
그 서리 포은의 절개이니,
해 올라 두보 이백 마음.
돌 깨져 다리 틈새 위험해,
솔 그늘은 저녁때로구나.
장부는 감탄이 많아지니,
잔 들며 옷깃을 여미누나.

12. 在家有懷

微雨閑村濕, 冷風落葉秋.
巖間靑蓼茂, 天極白雲浮.
好學無全力, 生涯有萬愁.
一時榮計劃, 又悟送舟頭.

가랑비 한촌을 적시는데,
찬바람 낙엽의 가을이라.
바위 새 여뀌는 무성한데,
하늘 끝 흰 구름 떠있네.
공부에 전력을 다 못하니,
생애는 근심으로 가득해.
한 때는 영달도 꿈꿨으나,
알고는 뱃머리로 보내네.

13. 閑居(75)

何處秋光處, 必然逸士家.
吟詩題落葉, 斜日拾籬花.
裸木千峰禿, 青苔細徑遐.
圖書堆案上, 開展視紅霞.

어디에 가을빛이 있던가,
반드시 선비네 집이로다.
시제는 낙엽으로 했으니,
기운 해 울타리에 꽃 줍네.
나목은 온 산을 벗기니,
푸른 이끼 오솔길에 멀구나.
도서는 책상에 쌓이는데,
펼쳐보니 노을만 보이구나.

14. 閑居(105)

白頭非白雪, 豈爲掃秋風.
歲月愁心伴, 增年喜樂逢.
不衰安逸得, 何者健康通.
季節恒回轉, 人生一次夢.

흰머리는 백설이 아니니,
어이해 가을바람 쓸 것인가.
세월은 걱정을 동반하나,
나이 드니 기쁨을 만나구나.
그대로 안일을 얻게 되면,
누구나 건강하게 통할게다.
계절은 언제나 돌고 도니,
인생은 한 번의 꿈이란다.

Ⅲ. 七言絶句

1. 閑日卽事

老齡心氣孰長生, 虛勢別離期必榮.
何者人間從攝理, 一毫無恥自成平.

나이 들면 누구나 오래 살고 싶어 해,
허세를 떠나면 반드시 영화로세.
누구나 인간이면 섭리를 따라야지,
부끄럽지 않으면 스스로 평화롭네.

2. 殷春所感(2)

細雨野田靑色多, 柳枝垂貌動調和.
微風斜線千絲舞, 高樹舊巢一鳥歌.

가랑비는 들녘에 푸른색을 더하니,
버들은 늘어져 조화롭게 움직이네.
미풍에 비껴서 천 가지 춤을 주니,
높다란 둥지엔 새 한 마리 노래하네.

3. 春日所懷(1)

雲含雨氣自生煙, 白鷺柳陰閑暇眠.
水上浮游群鳥樂, 春興不感是何緣.

구름에 비 드니 연기는 절로 일고,
백로는 버들 아래 한가하게 조는구나.
물 위에 노니는 뭇 새들은 즐겁고,
춘흥을 못 느끼니 이 무슨 사연인고.

4. 春日所懷(3)

山光倒影靜淸波, 十里水村茂盛荷.
野色天連靑上下, 餘生進路選如何.

산 빛은 거꾸로 푸른 물결 조용해,
십리 되는 강촌에 연잎은 무성하네.
들 색은 하늘 이어 위아래가 푸른데,
여생의 진로를 어떻게 고를 건가.

5. 槿域江山

檀君建國戊辰年, 亂世三韓過億天.
錦繡江山何者物, 無言歲月締人緣.

단군은 나라를 무진년에 세웠는데,
어지러운 삼한은 긴 세월 보냈구나.
금수강산 이 나라가 누구의 것인가,
말없는 세월과 사람들이 묶어뒀네.

6. 恒心書壇改革

韓國書壇改革要, 造形根本意中遙.
筆先思考示能力, 模寫毫端技術描.

한국의 서예계는 개혁이 필요한데,
조형의 근본 되는 의미만 아득하네.
붓 앞에 생각으로 능력을 보이는데,
베끼는 붓끝으로 기술로만 그리네.

7. 過扶餘大橋

落花岩下釣龍臺, 青帝乘風此地來.
歲月往還人傑換, 扶餘感想大橋開.

낙화암 바위 아래 조룡대가 떠있고,
봄 신은 바람 타고 이곳까지 왔구나.
세월이 오고가니 인걸도 바뀌는데,
부여에서 느낌은 큰 다리가 열렸구나.

* 2003. 3. 1. 沙曲(李崇浩) 聘母問喪日

8. 詠竹

高節淸澄文士魂, 直竿靑葉象徵尊.
歲寒三友必然席, 氣槪何時翠竹稱.

높은 절개 맑은 것은 문사의 정신,
곧은 장대 푸른 잎은 상징으로 높이네.
추위에 세 벗은 반드시 같은 자리,
그 기개를 언제라도 푸른 대라 칭하네.

9. 何日短見

日常脫出換精神, 活氣增加生活眞.
物質文明雖便利, 人間情緖不無辛.

일상에서 벗어나 정신을 바꿨으면,
활기가 증가하는 참 생활을 하겠네.
물질과 문명은 비록 편리하지만,
인간의 정서는 힘들지 않는 것이 없네.

10. 書藝之味

書藝根源有內容, 一般理解造形從.
宜當筆寫明要素, 意味尊崇哲學宗.

서예의 참 뿌리는 내용에 있는데,
일반들은 이해하길 형상만 쫓고 있네.
마땅하게 필사도 요소가 분명하나,
생각을 숭상함은 철학의 근본일세.

11. 對於詩文

吟詩文字繡人生, 難解部分間或橫.
物景瓊章明確換, 起承轉結自然成.

시 읊고 글자 쓰며 인생을 수놓고,
어려운 부분이 간혹은 가로질러.
경치를 좋은 글로 명확히 바꾸니,
시작과 끝 글이 자연스레 이루네.

12. 細雨夜

微雨多情夜深尋, 窓邊淸響浸庭陰.
森羅萬象煙雲裏, 擬是分明仙界音.

가랑비 다정스레 깊은 밤에 내리니,
창가에 맑은 소리 뜰에 젖어드네.
세상에 모든 물건 연우에 잠겨드니,
이것이 분명한 선계의 소리인가.

13. 思舊友

山麓雪消川水多, 茂篁喧唱夜中歌.
好朋一席通何事, 交感往還心裏梭.

산 아래 눈 걷히니 냇물이 불어나고,
댓잎소리 바스락 밤중에 노래일세.
좋은 벗 한데 모여 어떻게 통할꼬,
교감으로 오고가는 마음은 북일세.

14. 春日午後卽事

仲春未綻杜鵑花, 千載將來憂患爭.
讓步心情臨世事, 必然禽獸自和聲.

중춘인데 피지 않는 두견화라면,
끊임없이 장래에 우환으로 다투겠네.
양보의 심정으로 세상일 임하면,
반드시 금수와도 절로 화합 이루리.

15. 春日情景(1)

淸潭晴日白鷗飛, 巨樹禽巢各己歸.
兩岸江邊靑艸合, 連天木覓換春衣.

청담동 맑은 날 갈매기 날아드니,
큰 나무의 새집에는 제각기 돌아오네.
양 언덕 강변에는 푸른 풀 합하고,
하늘 이은 남산은 봄옷으로 갈아입네.

16. 春日情景(2)

松陰乍雨暮雲長, 花發向人萬事忘.
垂釣一翁江岸在, 春山下麓掛殘陽.

솔 그늘에 잠깐 비 저물녘이 긴데,
꽃이 피어 사람 보니 만사를 잊겠네.
낚싯대 드리운 노인 강둑에 앉았고,
봄 산의 언저리에 저녁 햇살 걸렸네.

17. 春日情景(3)

人情相異醉春山, 半月高空孤櫂還.
千里漢江流入海, 東風搖柳鳥聲閑.

인정이 서로 달라 봄 산에 취하니,
반달은 하늘에서 저 홀로 노 저어오네.
천리 되는 한강은 바다로 흘러들고,
봄바람에 버들 흔들 새 소리 한가롭네.

18. 憶何日矗石樓

煙霞紅日照清波, 白鷺一雙落岸沙.
高閣捲簾看獨坐, 遊船鳴櫂出姮娥.

노을은 불그레하니 청파를 비치는데,
백로 한 쌍이 모래사장에 내려앉네.
높은 누대 발 거두고 홀로 앉아 보니,
놀잇배 노 소리에 달님이 나타나네.

19. 去年秋夕有事於故鄕

四十年來返故鄕, 知人無跡亦村荒.
山川不語秋天暮, 隣近兒童奇異相.

사십 년 세월 지나 고향을 찾았더니,
아는 이 흔적 없고 시골은 황폐하네.
산천은 말이 없고 가을날 저무는데,
인근의 아이들이 기이한 듯 쳐다보네.

20. 偶吟(2)

廈前臨水是誰家, 遠近遊人笑杏花.
我亦東風幷酒醉, 草芽香氣不無誇.

큰 집 앞 물 내려보니 이 뉘 집인고,
원근의 유인들이 살구꽃에 웃는다.
나 역시 봄바람과 술에 함께 취하니,
새싹의 향기는 자랑 않음 없구나.

21. 春日偶吟(2)

今年靑帝例年同, 暖氣萌芽到處豊.
燕子蒼空飛散舞, 山川如舊又新通.

금년의 봄바람도 여느 해와 같은데,
따스하니 새싹도 도처에 풍성하네.
제비는 창공에 흩어져서 날아 놀고,
산천은 옛처럼 또한 새로 통하네.

22. 春日偶吟(3)

楊柳只今無綻萌, 小池新水已全淸.
人情恰似春山色, 不遠東風花滿橫.

버들은 아직도 새싹이 안 터지나,
작은 못에 들어온 물 이미 가득 맑구나.
사람 정은 마치 봄날의 산 빛인데,
봄바람 머지않아 꽃만 가득 피우리라.

23. 早朝偶吟(1)

世事紛爭每日明, 虛心何者釋心成.
昔時閑寂奉恩寺, 壽福渴求唯願聲.

세상사 다투지만 나날이 밝아지니,
마음 비면 누구라도 부처마음 이루리라.
옛날엔 한적했던 봉은사 사찰이나,
수복만을 애달프게 원하는 소리 가득.

24. 早朝偶吟(2)

黎明洌上紫東天, 千里漢江浮畵船.
高樹鳥聲春雨後, 樓臺都市成是緣.

날이 새는 서울에 동쪽하늘 불그레,
천리 되는 한강에 그림배가 떴구나.
높은 나무 새소리 봄 비 뒤에 듣고,
누대로 된 도시는 이런 연에 이루네.

25. 早朝偶吟(3)

紅染夕陽飛鳥聲, 春還草色水邊生.
江山萬古屛無筆, 九十東皇花有情.

붉게 물든 석양에 새들의 울음소리,
봄 돌아온 풀빛은 물가에서 생기네.
강산은 예로부터 붓 안 대는 병풍,
삼 개월 봄기운은 본 정이 꽃에 있네.

26. 春日偶吟(4)

胸中偶得詠詩題, 世事荒荒尙不齊.
深夜高空黃半月, 此身何故是迷兮.

가슴속에 우연히 시제를 얻었는데,
세상일 거치니 오히려 똑같지 않네,
깊은 밤 높은 하늘 반쪽의 노란 달,
이 몸은 어이하여 이토록 헤매이나.

27. 春日偶吟(6)

江岸悠悠草色多, 小舟來往櫂人歌.
紅衣各樣春風起, 流水芳洲高白波.

강둑은 저 멀리로 풀색이 가득한데,
작은 배 오고가며 뱃사공 노래하네.
붉은 옷에 여러 가지 봄바람 일고,
흐르는 물 갯가에는 흰 물결 높구나.

28. 中東戰有感

中東戰火我邦連, 油價急騰心慮先.
惟願平和希世界, 美軍今日進軍天.

중동의 전쟁에 우리나라 연관되고,
유가가 급등하니 마음 걱정 우선되네.
오로지 평화만을 세계가 바라는데,
오늘은 미국군대 진군하는 첫날일세.

* 2003. 3. 20.(미군 이라크에 진군)

29. 癸未春分(3)

漢城驛外漢城邊, 楊柳千絲草色連.
春氣徐來臨季節, 水流倒影首都堅.

서울 역 밖에 있는 서울의 주변엔,
버들잎 천 가지 풀빛으로 이어졌네.
봄기운은 서서히 계절에 임하는데,
흐르는 물에 비친 서울 견고하구나.

30. 伊拉克戰三日目(1)

戰爭三日地空通, 沙漠暴風確實功.
油井火災伊拉克, 難民行列四方同.

전쟁은 삼일 째 하늘땅이 통하고,
사막폭풍 작전은 확실하게 공이 있네.
화재는 이라크의 유정에서 났는데,
백성들 힘든 행렬 사방이 한 가질세.

* 2003. 3. 22

31. 旅行中偶吟(永東)(1)

太陽燦爛與東風, 錦繡江山何處同.
青帝徐來生氣韻, 是如萬物自然中.

찬란한 태양은 봄바람과 함께 하니,
금수강산 그 어느 곳도 한 가지로다.
봄 신은 느슨히 생기 찬 울림이니,
이와 같이 만물은 자연 속에 있구나.

32. 旅行偶吟(龜尾)(2)

山頂榭孤靑帝迎, 騷人景色內心爭.
蘇生大地同龜尾, 一架春煙詩想萌.

산꼭대기 정자 홀로 봄 신을 맞는데,
시인은 좋은 경치 마음으로 다투네.
소생하는 대지와 구미도 한 가진데,
한 가닥 봄 연기는 시상의 싹이로다.

33. 旅行偶吟(大邱)(3)

慘事已過一日餘, 亡靈雖厭九泉居.
誠金遝至可慰勞, 遺族心中死者虛.

참사는 이미 지나 하루가 더 됐는데,
망령들 비록 싫어도 저승에 있겠네.
성금이 답지해도 위로가 될 것인가,
유족의 마음속엔 죽은 이만 비었네.

34. 旅行偶吟(三浪津)(4)

南域杜鵑已滿開, 梅花醉氣染山徊.
靑松巖嶂自生艷, 時節忽然春色哉.

남쪽에 두견화는 이미 가득 피었고,
매화로 취한 기운 산 돌며 물들이네.
푸른 솔은 바위산에 저절로 뽐내니,
시절은 어느덧 봄 색으로 가득하네.

35. 旅行偶吟(沙上)(5)

沙上二三街路燈, 直行巴士旅人增.
夜間移動有浪漫, 同席因緣對話能.

사상에는 두어 곳에 가로등 켜지고,
직행하는 버스는 여행객이 불어나네.
야간에 이동하는 낭만도 있게 마련,
동석하는 인연으로 대화도 가능하네.

36. 旅行偶吟(晉州)(6)

初夜晉州訪問時, 市街華麗步行遲.
義巖不變在城下, 乘客換乘煩雜之.

초저녁에 진주를 찾아 들었을 때,
시가풍경 화려하니 걸음은 늦어지네.
의암은 변함없이 성 아래 있는데,
승객들 바꿔 타니 지극히 번잡하네.

37. 伊拉克戰三日目(2)

人命死傷無數生, 民間恐怖不安驚.
戰爭衝擊地球震, 伊拉克中遙遠中.

사람들이 죽고 다침 수없이 생기고,
민간은 공포와 불안에 떨고 있네.
전쟁의 충격으로 지구는 흔들리고,
이라크 그 속에는 멀고 먼 일일세.

38. 憶濟州所見

稀貴風蘭巖嶂連, 漢挐白鹿有神仙.
瀛州不變三多島, 傳統恒時石裏眠.

희귀한 풍란은 바위산에 이어지고,
한라산 백록에는 신선이 살고 있네.
영주는 변함없이 삼다도라 하는데,
전통은 언제나 돌 밑에 졸고 있네.

39. 旅行偶吟(過智異山下)(7)

智異山峰殘雪光, 鬱蒼林上鷲飛翔.
石屛嶂勢自然畵, 紅照斜陽春發香.

지리산 꼭대기엔 잔설이 반짝이고,
울창한 숲 위엔 독수리 날고 있네.
돌 병풍 산세는 자연의 그림인데,
불그레한 석양엔 봄 향기 일어나네.

40. 伊拉克戰五日目

被害雙方續出連, 民間多數負傷傳.
颱風沙漠橫前進, 反戰怨聲高確然.

양쪽의 피해는 계속해서 이어지고,
많은 수의 민간이 부상이라 전하네.
사막의 태풍이라 앞 다투어 나가니,
반전의 원성도 확연하게 높아지네.

41. 仲春偶吟(1)

公園忽見笑連翹, 天上不知高暗宵.
瑤草萌芽加草色, 殷春和氣柳絲搖.

공원에서 언뜻 보니 개나리 피던데,
하늘 위는 얼마나 높은지 모르네.
고운 풀의 새싹은 풀빛을 더 하나,
봄날의 따스한 기 버들가지 흔드네.

42. 仲春偶吟(3)

蘇生草色是如奇, 今日春過誰不知.
東帝何時何處接, 開花滿發覓夫詩.

소생하는 풀빛은 이처럼 기이한데,
오늘 날 봄 지나감을 그 누가 알리.
봄 신은 어느 때 어디에서 만날꼬,
꽃 가득 피어나니 시 찾는 이 있네.

43. 仲春偶吟(4)

白紫木蓮諸處屛, 東皇大地自然靑.
江樓無酒吟風月, 山色如如登舊亭.

희고 붉은 목련은 사방에 병풍이고,
봄 신에 대지는 저절로 푸르구나.
강루에는 술 없어도 풍월을 읊는데,
산색도 같다 하여 옛 정자 오르네.

44. 詠江景

岸塞堤前白鷺飛, 桃花流水鱖魚肥.
淸波釣士竿垂睡, 細雨微風忘不歸.

언덕의 강둑에는 백로가 나는데,
도화가 흐르는 물 쏘가리는 살찌네.
맑은 파도 낚시꾼 드리우고 조니,
가랑비 미풍에도 돌아감을 잊었네.

45. 交友之心

刎頸之友豪客稀, 六人逸士換春衣.
五風十雨眞如此, 世事紛紛無是非.

목 베어도 좋을 벗 호객이 드문데,
여섯 명 선비가 봄옷으로 바꿨네.
세월이 좋다 함은 진실로 이 같아,
세상사 분분해도 시비가 없다네.

* 박종수·전도진·조경준·李旻龍·박래창·정충락
  2003. 3. 28. 인천에서 회합하고

46. 看漢江

蒼空白鳥二三飛, 流水魚群春季肥.
江岸草芽加綠色, 自然攝理始心歸.

푸른 하늘 백조가 두세 마리 날고,
흐른 물엔 고기떼 봄철이라 살찌네.
강둑엔 새싹들이 풀빛을 더 하는데,
자연의 섭리는 초심으로 가게 하네.

47. 看木蓮

三月東風暫草青, 連翹同伴狎鷗亭.
公園籬下光春色, 白紫木蓮開滿庭.

삼월의 봄바람에 풀은 잠깐 물들고,
개나리 동반하는 압구정 정경이라.
공원의 울타리엔 봄빛이 반짝이니,
희고 붉은 목련 피어 뜰에 가득하네.

48. 春景夕陽

黃色連翹籬下佳, 庭園染白玉蓮花.
增加野外賞春客, 一架虹橋七色霞.

샛노란 개나리는 울타리에 아름답고,
정원에 희게 물든 목련화 곱구나.
야외로 나아가는 상춘객이 불어나니,
한 가닥 무지개다리 일곱 색 노을.

49. 於休日漢江岸

漢江煙雨漸沈沈, 一曲棹歌聽夕陰.
無數鯉魚乘水面, 櫓聲微軋散天心.

한강의 연우는 점점 깊어 가는데,
한 가닥 뱃노래 저녁나절에 들리네.
그 많은 잉어는 물 위를 타는데,
노 젓는 삐걱 소리 하늘에 흩어지네.

50. 詩者

吟詩何者瞬間成, 江景之情廣闊聲.
觀照精心無不易, 言餘穿鑿誰也驚.

시 읊음은 누구나 순간에 이루니,
강경의 정들이 넓다 하며 소리치네.
비취면 정갈함 안 바꿈은 아닌데,
남은 말 뚫어내니 누구라도 놀라네.

51. 西翁宗正輓

宗正西翁逝九泉, 萬邦佛者痛哀連.
平生一道臨專念, 落日三途不渡川.

서옹 종정께서 저승으로 가시니,
온 나라 불자들이 애통함이 이어지네.
한 평생 한 길로 전념만 했으니,
해지면 삼도천을 건널 수가 있을 건가.

* 2003. 3. 29. 西翁宗正逝去

52. 癸未四月(1)

四月開花能動成, 自然合唱眼前聲.
蝶蜂探蜜飛奔走, 季節不爭唯獨榮.

사월에 꽃이 피니 저절로 이루고,
자연의 합창은 눈앞에서 소리치네.
벌 나비는 꿀 찾아 분주히 나는데,
계절은 다툼 없이 혼자 영화롭네.

53. 一思石龍鎭篆刻展

現代造形書寫生, 刀痕文字結縱橫.
一思戲藝自成體, 個性分明篆刻驚.

현대의 조형은 서사에서 생기니,
칼 흔적과 글자는 종횡으로 묶였네.
일사의 예술희롱 저절로 이루니,
개성이 분명한 새김질에 놀랐도다.

54. 春日夕陽卽事

南村北里亂鷄鳴, 槿域山河似鏡明.
各處煙雲天日獨, 虹橋一架漢江生.

남촌과 북쪽 마을 닭 울음 시끌,
이 나라 산하는 거울처럼 맑구나.
각 처엔 연운이나 하늘만 해있어,
무지개 한 가닥 한강에 걸렸네.

55. 四月三日

燦爛太陽四月晴, 派兵決定喜悲聲.
生存意味爲來日, 不信相爭壞滅明.

찬란한 태양이라 사월은 맑은데,
파병을 결정하니 희비의 소리 있네.
생존의 의미는 내일을 위함인데,
불신으로 서로 다툼 괴멸이 분명해.

56. 憶一思石龍鎭

山姿秀麗一思居, 熟考心痕作品書.
藝術全般均通達, 去來不二滿空虛.

산 모습 빼어난 일사가 사는 곳,
깊은 생각 일사는 작품을 써냈네.
예술의 전반에 고르게 통달하여,
거래로 꼭 같은 빈 하늘을 채웠네.

57. 四月四日(1)

都心處處滿開花, 大廈間間街路佳.
黃鳥柳絲加韻致, 從中掩襲覆砂瑕.

도심의 곳곳에는 가득히 꽃피고,
빌딩의 사이사이 가로가 아름답네.
꾀꼬리 버들사이 운치를 더하나,
중궁에서 밀려오는 황사로 뒤덮네.

58. 四月四日(2)

汝矣輪中滿發花, 江邊散步戀人多.
樓臺倒影水波沒, 萬事相爭因互差.

여의도 윤중로 꽃 가득히 피었는데,
강변을 거니는 연인들이 많구나.
누대의 도영은 물결 속에 묻히고,
만사에 서로 다툼 서로 차이 때문일세.

59. 無題

人生險路異從人, 幸福追求何者辛.
分數銘心誰邁進, 成功身近待如春.

인생의 험한 길 사람 따라 다른데,
행복을 추구함은 누구라도 힘들지.
분수를 지키고 누구라도 매진하면,
성공하는 자신을 봄처럼 기다리네.

60. 寒食偶吟(1)

寒食東風淡霧明, 江邊小鳥羽毛精.
柳陰孤鶴靜中睡, 岸色春容醉未醒.

한식에 봄바람은 엷은 안개 거두고,
강변에 작은 새 깃털을 쓸어대네.
버들 그늘 학 한 마리 조용히 졸고,
강둑의 봄 모습에 취한 채 덜 깨네.

61. 寒食偶吟(2)

山野他人省墓奔, 閉門余獨作文煩.
浮雲流水自然事, 世外因緣四面存.

산야에 남들은 성묘하기 바쁜데,
나 홀로 문을 닫고 글짓기에 번거롭네.
뜬 구름 흐르는 물 자연의 일이나,
세상 밖에 인연은 온 천지에 존재하네.

62. 寒食偶吟(3)

廣野暫靑寒食天, 樓臺萬户霧煙邊.
花香永播喧遊客, 籬下連翹黃色鮮.

넓은 들은 잠시 푸른 한식날인데,
그 많은 누대는 안개 속에 싸여있네.
꽃향기 멀리 퍼져 놀이꾼 떠들고,
울타리에 개나리 노랑 빛이 선명해.

63. 寒食偶吟(4)

美國急傳憂患聽, 花開花落自然逕.
人間何者九泉去, 天命順從祈願寧.

미국에서 급하게 우환을 전해 오니,
꽃 피고 지는 것은 자연의 길이로다.
인간은 누구라도 저승으로 가는데,
천명에 순종하고 편안하길 기원하네.

64. 偶吟

長堤草茂眼前靑, 洌水閑流遊鳥汀.
起霧開雲多樣變, 自然造化自成屛.

긴 둑에 풀이 무성 눈앞은 푸른데,
한강은 천천히 물가엔 새들이 노네.
안개에 구름 걷혀 다양하게 변하니,
자연의 조화로 절로 되는 병풍일세.

65. 洌上寒食

天陰窓外夕煙生, 寒食東皇洌水明.
來往小舟聽笑語, 開花季節故鄕情.

어둑한 창밖엔 저녁연기 피는데,
한식의 봄 신은 한강을 밝게 하네.
오고가는 작은 배 웃음이 들리니,
꽃 피는 계절엔 고향 정 생각하네.

66. 晚春偶吟(3)

勝地周遊舊友情, 與君題詩播文聲.
江邊欲暮一煙散, 細雨靑山視太平.

좋은 곳 두루 노는 옛 벗의 정에,
군과 함께 시 쓰니 글소리 번지네.
강변은 저물려 연기가닥 흩어지니,
가랑비 푸른 산에 태평스레 보이네.

67. 晚春偶吟(4)

晚春花滿忽然陰, 細雨霏霏煙雨沈.
千里漢江流靜寂, 往還群衆不聽音.

늦봄에 꽃이 가득 홀연히 젖으니,
가랑비 부슬부슬 연우에 잠기누나.
천리 한강은 고요 속에 흐르는데,
오가는 군중들은 그 소리 못 듣네.

* 2003. 4. 11. 전국에 비 내림

68. 晚春偶吟(5)

細雨長堤靑草芽, 漢江流水碧波遐.
白鷗何處橫煙隱, 春滿庭中遂落花.

가랑비에 강둑의 풀싹은 푸른데,
한강이 흐르니 푸른 물결 멀구나.
갈매기 어느 곳의 연기에 숨었나,
봄 가득 뜰 안에 드디어 꽃 지네.

69. 華城書展所感

華城書展遂成功, 筆墨精神燦爛豊.
公募宜當牽啓發, 羨聲不遠此人中.

화성의 서예전이 드디어 성공하니,
필묵의 정신이 찬란하게 풍성하네.
공모전은 마땅히 계발로 이끄니,
부러움은 머잖아 이 사람 중에 나오네.

* 2003. 4. 12. 수원에서

70. 路邊偶吟

草綠新生街路明, 黎民衣服換輕爭.
何時季節從女性, 葉茂林間喧鳥聲.

초록이 새로 돋아 가로가 밝은데,
백성들 의복은 가벼운 걸 경쟁하네.
언제나 계절은 여성들에 따르니,
무성한 숲 속에선 새들만 시끄럽네.

71. 韓日親善蹴球競技觀戰所感(1)

韓日蹴球競技看, 外人監督指揮觀.
戰場選手臨攻守, 結果無關有憾殘.

한일 간의 축구경기 보고 있으니,
외국인 감독이 지휘함이 보이네.
싸움터의 선수들 공수에 임하는데,
결과와 관계없이 서운함이 남네.

72. 韓日親善蹴球競技觀戰所感(2)

韓國始終優勢形, 滿場應援熱無停.
頻煩攻擊門前亂, 失點我邦高喊聽.

한국이 시작부터 우세한 형세인데,
만장한 응원열기 그칠 줄 모르네.
빈번한 공격으로 문전에서 흔들려,
실점은 우리나라 고함소리 들리네.

* 2003. 4. 16.

73. 舊友會同

艸丁夏谷與同行, 日本書家久歡迎.
恩地春洋逢飯館, 健康不變笑顔驚.

조정과 하곡이 다 함께 동행하여,
일본인 서예가를 오랜만에 맞았네.
온찌 순요씨를 식당에서 만나니,
건강은 변함없고 웃는 얼굴 놀랐네.

* 권창륜·박찬혁·溫地春陽·정충락 외 여러 명이 회동
* 2003. 4. 17. 20시 팔레스호텔에서

74. 無題(1)

天陰槿域滿東風, 草色漸增全國同.
無變山河從季節, 森羅萬象自然通.

어둑한 이 땅에 봄바람이 그득하니,
초색은 점점 불어 전국이 한 가지.
변함없는 산하는 계절을 따르니,
삼라만상 모두가 자연스레 통하네.

75. 四·一九 43周年

學生蜂起四三年, 革命精神不斷連.
民主尊崇當發展, 太平聖代願穩全.

학생이 일어난 지 43년 되었는데,
혁명의 정신은 중단 없이 이어지네.
민주주의 존숭은 당연한 발전이요,
태평성대 이뤄지길 온전히 원하네.

76. 會合所感

多島銀波斜夕陽, 數人墨客把觴揚.
友情敦篤心交合, 活氣生涯藝術光.

다도해의 은물결이 석양에 비끼고,
몇 사람의 묵객이 술잔을 들어보네.
우정이 돈독함은 마음이 적합하니,
활기 있는 생애에 예술은 빛이 나네.

* 於釜山

77. 過龜浦偶吟

花落葉新生氣尨, 連天春艷洛東江.
暗灰上下看同色, 物景恒常當入窓.

꽃 지고 새잎 나니 생기는 커지고,
하늘 이은 봄 치장 낙동강도 흐르네.
어둑한 위아래가 동색으로 보이니,
물경은 언제나 창문을 통해 들어오네.

78. 愛鄕友

細雨霏霏不止時, 故鄕先輩篤交宜.
有名無實在京會, 異口同聲再建期.

가랑비가 부슬부슬 그치지 않을 때,
고향의 선배들이 정 도탑게 사귀네.
유명무실하게 서울 있는 향우회를,
이구동성으로 재건하자고 기약하네.

* 나중황·한정웅·박정구·정충락·정원태·정상섭 등이 三井食堂에서
* 2003. 4. 25.

79. 無題(2)

貪利爭名不好余, 一身山裏計爲居.
鳥鳴人絶樂戱筆, 斜日竹窓臥讀書.

이익과 이름 다툼 나는 덜 좋아해,
이 한 몸 산 속에서 살아갈 계획일세.
새 울고 사람 끊어 붓장난 즐기며,
저녁때면 죽창 아래 누워서 책 읽으리.

80. 憶李在亨鄕友

風流逸士別無顔, 花滿公園鳥影閑.
一片詩魂呼未聞, 明春必是共梅還.

멋을 아는 멋쟁이 염치없이 헤어져,
꽃 가득한 공원에 새 그림자 한가롭네.
한 조각의 시혼을 듣지는 못했지만,
내년 봄엔 반드시 매화 필 때 돌아오리.

81. 無題(3)

滿山春色鳥飛鳴, 雨後深谷流水聲.
歲月如流余亦老, 名家詩讀依世情.

온 산에 꽉 찬 봄 새들은 날며 울고,
비 온 뒤 깊은 골짝 흐르는 물소리,
세월은 흘러가니 나도 역시 늙는데,
명가의 시 읽으며 세상 정에 기대리.

82. 無題(4)

晚春花落部分同, 紫色滿開躑躅紅.
大廈周邊新綠樹, 往來群像表情通.

늦은 봄 꽃 지는 건 더러는 같은데,
자주 빛 가득 핀 철쭉꽃은 붉구나.
빌딩의 주변에는 새로운 푸른 나무,
오가는 군중들은 표정들이 통하네.

83. 魯丁朴商贊作品展

書寫根源學問生, 毫端技藝一場明.
魯丁筆墨遂如此, 觀者當然有好評.

서사의 근원이란 학문에서 생기니,
붓끝의 기예가 한 마당에 밝아지네.
노정의 필묵은 드디어 이러하니,
보는 이는 당연히 좋은 평이 있으리라.

* 세종문화회관 2003. 4. 30 ~ 5. 5.

84. 無題(5)

戰友相逢酒席迎, 貴緣胸裏不忘明.
京仁咫尺同千里, 間或會場安否呈.

전우가 서로 만나 술자리 맞으니,
귀한 인연 가슴속에 잊지 않고 밝구나.
경인이 지척인데 천리나 한 가지,
간혹은 회장에서 안무 물을 정도일세.

85. 無題(6)

新綠落花春雨微, 人間萬事是非圍.
賢妻二月遊南域, 携待名山必共歸.

새 잎에 꽃 지자 봄비가 부슬부슬,
세상살이 모든 일이 시비에 둘러있네.
어진 처와 이월에 남쪽으로 놀러가,
기다리던 명산보고 꼭같이 돌아왔네.

86. 無題(7)

黃卷雜思言世物, 暗雲天覆鳥無飛.
大橋水繞魚群樂, 此老胸中計已違.

좋은 책 잡생각 세상물정 말하나,
어둔 구름 하늘 덮어 새마저 날지 않네.
큰 다리 물로 감아 고기 떼 즐기니,
이 노인 가슴속은 이미 틀린 계획일세.

87. 見山菜

栗林山菜本拿來, 不覺其中春色催.
山上輕風搖翠葉, 浮雲一片向蓬萊.

율림이 산나물의 바탕을 가져오니,
몰랐던 그 속에서 봄 색이 펼쳐지네.
산 위의 미풍에 푸른 잎이 흔들려,
뜬구름 한 조각은 봉래산을 향했다네.

88. 四月閑日(1)

應知夜雨落春花, 十里垂楊十里霞.
江岸微風飛柳絮, 文章近接孰誰誇.

응당 아는 밤비에 봄꽃은 지는데,
십리나 늘어진 버들 십리의 노을이라.
강둑에 미풍에도 버들 솜이 날고,
문장에 근접한다 누구라서 자랑하나.

89. 四月閑日(2)

九十春光遂落花, 煙波江岸笙千家.
白頭騷客月明醉, 把酒一杯連自歌.

석달의 봄볕에 드디어 꽃이 지니,
연기 이는 강둑에 일천 집 우뚝 솟네.
흰머리 시인이 밝은 달에 취하니,
술잔을 하나 들고 저 혼자서 노래하네.

90. 四月閑日(3)

春殘夏近艱看花, 江上忽然朱鷺斜.
流水淸澄戱弄鳥, 心中欲讀五書車.

봄 가고 여름이라 꽃 보기 어렵고,
강 위에는 홀연히 따오기가 비껴드네.
맑은 물 흐르는데 새들은 즐기니,
마음속엔 읽고 싶어 다섯 수레의 책을.

* 朱鷺=따오기

91. 四月閑日(4)

誕辰記念孰家同, 有別心殘忠武公.
民族英雄明歷史, 將軍冥福禱胸中.

탄신의 기념은 어느 누구 같은데,
별스럽게 마음에 남는 충무공이로다.
민족의 영웅이라 역사에 분명해,
장군의 명복을 가슴속으로 빌어보네.

* 2003. 4. 28.

92. 聽三國會談

北美會談南不參, 含中三者散如嵐.
平和存續國家貴, 理解黎民看月曇.

미국 북한 회담에 우리가 빠지고,
중국 포함 삼자는 안개처럼 흩어지네.
평화의 존속은 귀한 것이 국가니,
이해하는 백성들 흐린 달을 보듯 하네.

93. 四月閑日(5)

癸未三春降雨多, 豊年豫感內心歌.
古來治水好農事, 爲政逆行遙遠和.

계미년 봄날에는 비도 많이 내리니,
풍년을 예감하니 속으로 노래 나와.
예부터 치수하면 농사에 좋다더니,
정치를 잘못하면 화합마저 멀어지네.

94. 四月閑日(6)

漢江雖濁水閑流, 降雨長堤靑草留.
今日不看遊覽客, 白鷗一雙橋脚休.

한강 비록 탁해도 물 한가히 흐르고,
내린 비 긴 둑에 푸른 풀에 머무네.
오늘은 보이지 않는 유람객들이지만,
갈매기 한 쌍이 교각에서 쉬고 있네.

95. 四月閑日(7)

雨歇滿春和暢天, 白雲幾片碧空連.
心身爽快鳥聲樂, 四月是如裝飾全.

비가 멈춘 넉넉한 봄 화창한 날에,
흰 구름 몇 조각 푸른 하늘에 떠있네.
심신이 상쾌하니 새들도 지저귀고,
사월은 이와 같이 온전하게 꾸며지네.

96. 蘭

一莖一花本來蘭, 雪裏花開姿態冠.
文士恒時遊弄墨, 心中寫意語毫端.

한 줄기에 꽃 하나가 본래 난이고,
눈 속에 피는 꽃 그 자태는 최고로다.
문사는 언제나 농묵으로 즐기는데,
마음 속 본 뜻은 붓끝으로 말을 하네.

97. 鱖魚

釣士垂竿無念時, 江心遊泳鱖魚移.
靑山黙黙倒濃影, 流水不看誰不知.

낚시꾼 드리운 채 생각이 없을 때,
강심에 유영하는 쏘가리는 움직이네.
푸른 산 묵묵히 짙은 그늘 늘리니,
유수가 못 본다고 그 누가 알겠는가.

98. 喇叭花

花心紙上忽然紅, 畵像如如不動風.
夏季早朝開喇叭, 蔓梢俗態自生窮.

화심은 종이 위에 홀연히 붉은데,
그림은 이럭저럭 바람마저 자고 있네.
여름 철 이른 아침 나팔꽃 피니,
넝쿨 끝을 잇는 모양 스스로 궁리하네.

99. 竹

千秋君子比喧稱, 靑葉何時氣槪增.
淸直中通眞實態, 竹聲隱意士心矜.

역사에 군자는 의젓함에 비유하고,
푸른 잎은 언제나 기개를 더하더라.
맑고 곧게 속이 통한 진실한 모습,
대 소리에 숨은 뜻 선비의 긍지로다.

100. TV出演大統領(盧武鉉)

幾千幾萬漠然搖, 全體黎民所願遙.
爲政根莖爲百姓, 國家元首品位要.

몇 천 몇 만이 막연하게 흔들어도,
모든 국민의 원하는 건 아득하네.
정치의 본 줄기는 백성을 위함인데,
국가 원수로서 품위가 요망되네.

* 2003. 5. 1.

101. 偶思吟(1)

五月連休最近初, 山川遊許市全疏.
江邊雲起看眞妙, 靜寂暫時珍景舒.

오월에 연휴가 최근에 처음 있어,
산천에 놀이 가니 시가가 썰렁하네.
강변에 구름 일어 참으로 묘한지고,
고요함도 잠시라 좋은 경치 펼치네.

102. 五月(2)

青山不變古今通, 人傑何如有異同.
分守人間成健實, 暫時生計一樽中.

청산은 변함없이 고금이 통하는데,
인걸은 어찌하여 같고 다름 있는가.
분수 지킨 인간은 건실하게 이루고,
잠깐 사는 생계 술 한 통에 있더라.

103. 五月(3)

往還歲月自然間, 執筆半生夢覺關.
無閒讀書生白髮, 不如把酒換朱顔.

오고 가는 세월은 자연스런 사이에,
붓 잡고 반평생 꿈에라도 깨었으면.
계속하는 독서에 흰머리 생겨나니,
술잔도 잡기 전에 얼굴 붉게 바꾸네.

104. 偶思吟(2)

千萬人居洌上頭, 花開鳴鳥晚春流.
風霜皺滿世人變, 寡慾憂疎迎甲遊.

천만 명 살고 있는 서울의 맨 앞에,
꽃 피고 새 우니 늦은 봄이 흐르네.
바람서리 주름 가득 세상사람 변해,
적은 욕심 걱정 적어 갑 맞아 노네.

105. 偶思吟(3)

幽谷水流聽竹陰, 如琴盡日醉淸音.
雲端白鶴來余向, 高掛虹霞一席臨.

신선골 물 흐르니 대 그늘 들리고,
거문고 하루 종일 맑은 소리 취했네.
구름 끝에 백학은 나를 향해 오니,
높이 걸린 무지개 노을 한 곳에 있네.

106. 偶思吟(4)

江南蠶室野球場, 觀衆歡呼鼓喊揚.
記錄競爭名試合, 越牆選手二人光.

강남의 잠실벌에 야구장에서,
관중의 환호와 고함소리 더 높구나.
기록의 경쟁이라 시합은 유명한데,
담을 넘은 선수 두 명 반짝거리네.

* 2003. 5. 5.

107. 偶思吟(5)

漢江煙雨水流同, 新綠草提洌上通.
大廈雲中成別景, 南山高塔在天空.

한강의 연우는 물과 함께 흐르고,
신록의 풀 언덕은 서울을 통하네.
빌딩은 구름 속에 별경을 이루니,
남산의 높은 탑 빈 하늘에 있구나.

108. 偶思吟(6)

青松玉露滴枝消, 細竹過風竹葉搖.
千里江山流不語, 片舟提下望灰宵.

청송에 고운 이슬 가지 끝에 물방울,
가는 대 바람 가니 댓잎이 흔들.
천리 먼 강산은 말도 없이 흐르는데,
조각배 둑 아래 잿빛하늘 바라보네.

109. 五月閑日(1)

半生交友至凋齡, 白髮相同歲月屛.
流水高山常不變, 鳥聲何處自然聽.

반생을 교우하다 시들 나이 이르고,
백발이 서로 같아 세월이 병풍일세.
흐르는 물 높은 산 항상 변함없어,
새소리 어디서나 자연스레 들리네.

110. 五月閑日(2)

釋迦誕日一心祈, 遠近知人多幸圍.
不信慈悲相互恕, 必然大喜萬家歸.

석가모니 탄일에 한 마음 기도하니,
원근의 지인들을 다행히 아우르네.
불신은 자비와 서로 용서해주면,
반드시 큰 기쁨 모든 가정 돌아가네.

111. 五月閑日(3)

燕子還巢肇夏新, 天涯煙霞又相親.
高樓大廈當同伴, 風送芳香明月隣.

제비가 돌아오는 초여름이 새로워,
하늘 끝 연하는 또한 서로 친하네.
높은 누대 빌딩은 당연히 동반하니,
바람 띄운 향기가 밝은 달 이웃하네.

112. 五月閑日(5)

釋迦何處愛情同, 信者無論彼我空.
換骨奪胎眞實近, 長河流水自然通.

석가는 어디서나 애정이 똑같은데,
신자는 말 없어도 너와 내가 비었네.
환골탈태되는 게 진실로 가까우면,
긴 강이 흐르는 물도 자연히 통하네.

113. 五月閑日(6)

人間易老發誰論, 楊柳千絲夏季煩.
兄弟當然分甲乙, 萬家父母卽乾坤.

인간이 쉬 늙는다 누구나 하는 말,
버들가지 천 가닥 여름철에 번거롭네.
형제는 당연히 갑을로 나뉘는데,
모든 집의 부모는 그야말로 하늘땅일세.

114. 訪九龍洞天(1)

九十才人尋一如, 麟蹄幽處播香初.
髻冠不見不常隱, 九龍洞天閑暇居.

구십명 재인들 하나 같이 찾아드니,
인제의 유처에 처음으로 향기 퍼져.
상투관은 보이잖고 가려있지 않아,
구룡동천 거기에 한가하게 계시네.

* 글의 끝 자를 이으면 如初隱居

115. 訪九龍洞天(2)

如意同心訪問時, 初聲感歎自成詩.
居留幾載是靈處, 陋巷世人應不知.

같은 생각 같은 마음 방문할 때에,
첫 소리 감탄하고 스스로 시를 짓네.
지낸 지 몇 년인지 이처럼 좋은 곳,
시중에 사는 이는 응당 알리 없겠지.

* 글의 첫 자를 이으면 如初居陋

116. 茶泉書展所感

不語乾坤生自春, 三團書態古今隣.
茶泉思考形象化, 眞實稀有藝術人.

하늘땅은 말 없어도 봄 절로 오니,
세 단체의 글씨꼴 고금이 이웃일세.
다천은 생각을 모양으로 바꿔내니,
진실로 보기 드문 예술인이로구나.

* 2003. 5. 13

117. 金大煥教授音覺展所感

靈書筆墨內容情, 揮灑同時細刻成.
鼓手天才金大煥, 初有音覺世人驚.

혼으로 쓰는 필묵 내용에 정 있어,
뿌림과 동시에 가는 새김 이뤄지네.
북을 치는 천부 재인 김대환 교수,
처음 있는 소리 깨침 모두가 놀라네.

* 2003. 5. 14. 인사아트홀

118. 過永同五月

槐夏晴天過永同, 山河綠色樹搖風.
時宜適切移秧畵, 豊盛未來設計中.

초여름 개인 날에 영동을 지나니,
산하는 녹색인데 바람은 나무 흔드네.
때맞춰서 적절한 모내기의 그림이라,
풍성한 미래를 설계하는 중이라네.

119. 過金海平野

濃霧紫煙連碧天, 遠岑形象似紅蓮.
路邊何處移秧畓, 休息農亭樂酒筵.

짙은 안개 붉은 이내 푸른 하늘 잇고,
먼 산의 형상은 붉은 연꽃 닮았네.
길가는 어디라도 모내기의 논뿐인데,
휴식하는 농막에는 술자리 즐겁네.

120. 於晉州一夜

五百南江淸曲流, 晉陽湖畔片舟遊.
壬辰倭亂生論介, 忠節故鄕明月留.

오백리 남강은 맑고 굽게 흐르는데,
진양 호수 가에는 쪽배가 놀고 있네.
임진년 왜적침략 논개가 생겨났고,
충절의 고향이라 밝은 달도 멈춰있네.

121. 過德裕山麓

夕陽德裕覆靑松, 巖嶂鳶飛煙霧濃.
遠近山姿染新綠, 紅霞造化麥秋逢.

석양에 덕유산 푸른 솔이 뒤덮고,
바위산에 솔개 날고 안개도 짙어지네.
원근의 산모양은 신록으로 물들고,
붉은 노을 조화에 보리 가을 만나네.

122. 五月偶吟

濃霧江邊淡白屛, 淸風槐夏願身寧.
早朝飛鳥感奔走, 綠色新光播草馨.

짙은 안개 강가에 담백한 병풍이요,
맑은 바람 초여름 몸 건강만 원하네.
이른 아침 나는 새 분주한 느낌이고,
녹색의 새로운 빛 풀 향기 퍼져가네.

123. 五月想念(1)

新綠風光五月通, 山川草木自生風.
是如圖畵煙雲裏, 閑日鳥聲靑樹中.

신록의 풍광은 오월이라 통하는데,
산천의 초목들은 절로 바람 일으키네.
이러한 그림들이 연운에 잠겨드니,
한가한 날 새소리는 푸른 숲에서 나네.

124. 五月想念(2)

人間萬事是非多, 半世亂居當不何.
天畔月明心境洗, 四時佳興易難過.

인간들 사는 것이 시비가 많으니,
반생의 어지러운 삶 어찌하여 아니랄까.
하늘가에 달이 밝아 마음을 씻어,
사계절 좋은 흥 역시 지나기 어렵구나.

125. 五月想念(3)

黃卷雜考經世論, 十年計劃不知根.
閉門自覺爲書讀, 終始人言進世煩.

책 속에 여러 생각 경세를 말하나,
십 년의 계획도 그 뿌리를 알 수 없네.
문을 닫고 깨달으려 책을 읽었으나,
끝내 남 말 믿고 세상 살기 번거롭네.

126. 五月想念(4)

山鳥有情鳴向人, 新光樹色古今親.
故鄕十里當同一, 時節無關充是眞.

산새는 정이 있어 사람 보고 우는데,
새로운 나무 빛은 한결같이 친하구나.
고향의 십리도 당연히 이와 같아,
시절과는 무관하게 이 진실을 채우련다.

127. 五月想念(5)

白鷺雙飛雅漢江, 樓臺深映水中厖.
逢君論外依歌扇, 明月高登我心降.

백로 한 쌍 날아가니 한강이 우아해,
누대는 깊이 비춰 물 속이 더 넓구나.
그대 만나 말없이 부채질 노래하니,
밝은 달 높이 올라 내 마음도 항복해.

128. 閑日偶吟稿(1)

洌水清流白鳥閑, 一聲口笛月橫山.
灰雲天覆難詩作, 江岸樓臺倒影還.

한강은 맑게 흘러 백조는 한가롭고,
한 소리의 휘파람 달은 산을 비껴 드네.
구름은 하늘 가려 시 짓기가 어렵고,
강안에 누대는 그림자를 거꾸로 하네.

129. 閑日偶吟稿(2)

千里江邊楊柳靑, 虛名一室映閑汀.
淸風槐夏樹枝動, 倒影微搖松下亭.

천리의 강변에 버들은 짙푸른데,
볼일 없는 방 한 칸 물가에 한가히 비쳐.
맑은 바람 초여름 나뭇가지 흔들,
그림자는 살짝 흔들 솔 아래의 정자로다.

130. 閑日偶吟稿(3)

花開花落太平春, 雲去雲來歲月均.
萬事古今眞似事, 靑山景色好爲隣.

꽃 피고 꽃 지는 태평스런 봄날에,
구름이 오고가니 세월만은 고르구나.
모든 일이 예나 지금 진짜로 닮고,
청산의 경치들도 좋은 이웃 같구나.

131. 閑日偶吟稿(4)

駕山廣大譯臺詞, 民俗遊戲眞實宜.
樂器登場明四物, 數千數萬一時怡.

가산의 광대놀이 대사를 번역하니,
민속의 유희들이 진실로 마땅하네.
악기가 등장하나 사물이 분명하고,
몇 천 몇 만이 한 때의 기쁨일세.

132. 閑日偶吟稿(5)

雨後江山聽杜聲, 水田耕作舊時情.
眼前景色起詩句, 浮世功名義理爭.

비 온 뒤의 강산에 두견새는 울고,
무논에 경작 보니 옛 정이 일어나네.
눈앞의 경치에 시구가 생각나니,
뜬세상 공명 때문에 의리마저 다투네.

133. 五月卽景(2)

已觀五月展天然, 霜髮人生坐酒前.
綠竹千家春雨後, 漢江兩岸草如煙.

이미 본 오월은 천연스레 열리고,
흰머리의 인생은 술잔 앞에 앉아있네.
대나무 천가에 비 온 뒤에 푸르고,
한강의 양 둑에는 풀밭이 연기 같네.

134. 五月卽景(3)

世事浮沈樂讀書, 高臺廣室本來虛.
常看雲起不知妙, 一念望鄕月色如.

세상살이 부침하나 독서로 즐기고,
높은 누대 넓은 방 본래는 빈곳일세.
항상 보는 이는 구름 묘함 모르고,
오로지 고향생각 달빛과도 같을세라.

135. 五月卽景(4)

故人今見發何言, 野外夏光靑霞坤.
明月江心深隱隱, 浮雲流水亂世痕.

고인이 지금 보면 무어라 말할까,
바깥의 여름빛은 푸른 노을로 뒤덮네.
밝은 달은 강심에 깊이 숨어있고,
뜬구름 흐르는 물은 난세의 흔적일세.

136. 五月卽景(5)

水村山廓起靑煙, 籬下野花靑貌隣.
浮世欲無看月色, 草堤江岸異前年.

갯마을 산마을엔 푸른 연기 일고,
울 아래 들꽃도 푸른 모습 이웃하네.
뜬세상 욕심 없어 달빛만 쳐다보니,
풀 덮인 강둑은 지난해와 다르구나.

137. 五月卽景(7)

樹間群雀不知山, 煙雨大廈喧亂還.
來往轟音心寂寂, 淸光新綠已蒼顔.

나무 사이 참새 떼 산을 모르나봐,
연기 낀 빌딩으로 시끄럽게 돌아오네.
오고가는 굉음에 마음도 울적한데,
맑은 빛 신록으로 얼굴마저 푸르네.

138. 人生有情偶吟晴日(1)

靑葉濃陰五月長, 高軒翠樹念無忙.
千家萬象回心曲, 末路當然人有香.

푸른 잎 짙은 그늘 오월은 긴데,
높은 집 푸른 나무 생각을 더디 하네.
온갖 집에 많은 생각 회심곡이라,
마지막엔 당연히 인간향기 풍기겠지.

139. 人生有情偶吟晴日(2)

人間榮辱本時虛, 萬事當然解讀書.
此老胸中存守墨, 初心不變穩全如.

인간의 영욕은 본시부터 비었으니,
만사는 당연히 책 읽어서 풀어보세.
이 노인의 마음에도 먹을 지켜내니,
첫 마음 변함없이 온전하게 하세.

140. 人生有情偶吟晴日(3)

不遠蟬聲喧耳余, 陰濃高樹未蟲虛.
恒看江岸起雲妙, 亂世浮生白髮疎.

머잖아 매미소리 내 귀가 시끄럽고,
짙은 그늘 높은 나무 벌레는 비었네.
항시 보는 강둑엔 구름 일어 묘한데,
난세의 뜬 인생 백발마저 희끗희끗.

141. 人生有情偶吟晴日(4)

世事是非一生多, 邦家何處湧金波.
連天野色山河碧, 半世覓功無用梭.

세상사 시비는 일생 통해 많으니,
나라 안 그 어디에 금물결이 솟아날꼬.
하늘 닿은 야색은 산하도 푸른데,
반세 동안 공을 찾는 쓸데없는 북일세.

142. 人生有情偶吟晴日(5)

五月南山尖塔高, 夕陽雲裏雷聲騷.
薔薇千架笑紅白, 洌水長堤青草皐.

오월의 남산은 뾰죽 탑이 높은데,
석양의 구름 뒤에 뇌성마저 시끄럽네.
장미는 온통 붉고 희게 웃고 있어,
한강의 긴 둑엔 푸른 풀밭 언덕일세.

143. 人生有情偶吟晴日(6)

樹間明月入胸中, 仙境應多此地同.
洌水夕陽流閑暇, 人生行路是如終.

나무 사이 밝은 달 내 마음에 들고,
선경은 마땅히 이 땅과도 같으리라.
한강은 석양에 한가하게 흐르는데,
인생의 가는 길은 이같이 끝나는가.

144. 夷堂書室移轉記念

創作本場移轉時, 也誰不問賀筵知.
夷堂書伯在何處, 來者必然供祝詩.

창작의 본 마당을 이전할 때에는,
누구라도 불문하고 축하자리로 아네.
이당 서백께서는 어디에 있든지,
오는 사람 당연히 축하하는 시 드리네.

* 邊堯寅(夷堂) 2003. 5. 31.

145. 韓日蹴球勝利所感

世界蹴球我四强, 一年記念分明揚.
大和日本有能力, 勝利女神韓國光.

월드컵 축구에서 우리는 사강이라,
일년을 기념하여 분명하게 드날렸네.
대화정신 일본도 능력이 있지마는,
승리의 여신은 한국을 빛나게 했네.

* 2003. 5. 31

146. 夏到所感(2)

草色長堤似去年, 園林滿翠夕陽邊.
連天大廈在雲上, 煙裏人家靜自眠.

초색의 긴 둑은 지난해와 같은데,
동산 숲은 시퍼렇게 석양 가에 있네.
하늘 닿은 빌딩은 구름 위에 있고,
이내 속에 인가는 저절로 조용하네.

147. 夏到所感(3)

薰風搖葉漢江流, 煙霧四圍笑石榴.
日暮遊人當酒伴, 不堪難事解誰儔.

훈풍은 잎 흔들고 한강은 흐르는데,
이내 안개 사방에 석류는 웃고 있네.
해지는데 놀이꾼은 술을 동반하고,
감당 못할 어려운 일 누가 짝해 풀까.

148. 夏到所感(4)

諸象變移無定姿, 此身閑暇自從時.
恒常反省經營務, 萬感對山難賦詩.

모든 물상 움직여 정한 모습 없고,
이 몸도 한가하나 때맞춰 나아가게.
언제나 반성하며 경영함에 힘쓰고,
온갖 생각 산을 보나 글 짓기 어렵네.

149. 憶扶餘

亡國山河異昔時, 沈潛江月幾盈虧.
落花巖下恒流水, 濃霧當今不盡吹.

나라 망한 산하는 옛날과 다른데,
물에 잠긴 저 달은 얼마나 차고 졌냐.
낙화암 아래엔 언제나 흐르는데,
짙은 안개 지금도 끊임없이 부추기네.

150. 六月偶吟(1)

雲雀高空樂喜歌, 石榴季節共開荷.
太陽萬物漸增熟, 亂世人間心虛多.

종달새 하늘 높이 즐겁게 지저귀고,
석류가 피는 계절 연꽃도 함께 피네.
태양은 만물을 점점 더 익게 하니,
난세에 사람들 마음 비운 이가 많네.

151. 世界杯蹴球過一年

神話四强過一年, 紅魔熱氣只今連.
國民選手成同體, 世界大驚千代傳.

신화의 사강으로 일 년이 지나니,
붉은 악마 열기는 지금까지 이어지네.
국민과 선수들을 하나로 묶어내니,
세계가 크게 놀라 영원토록 전하네.

152. 六月灰天偶吟

早朝濃霧覆山河, 六月林間聽鳥歌.
常起轟音吾亂耳, 奔忙生活恰如梭.

이른 아침 짙은 안개 산하를 덮어,
유월의 숲 사이엔 새들 노래 들리네.
항상 들리는 굉음 내 귀가 어지럽고,
바쁘게 하는 생활 이는 마치 북일세.

153. 雨日偶吟(1)

大地濛濛濕一如, 樓臺閑暇弄詩書.
只今痕迹有雖恥, 筆墨胸中眞實虛.

대지는 가랑비에 하나같이 젖는데,
누대엔 한가하게 시와 글씨 즐기네.
지금의 흔적이 비록 부끄럽긴 하나,
가슴속의 필묵은 진실을 비어뒀네.

154. 雨日偶吟(2)

我行我法藝人研, 何者不知眞實泉.
書寫胸中明哲學, 乾坤一擲此文焉.

내 행동 내 법은 예인이 연구할 것,
누구든 알지 못해 진실의 샘물을.
서사는 가슴속의 철학이 분명하니,
건곤에 한 번 던지는 이 글이라네.

155. 雨日偶吟(3)

飮酒詩情孰也寬, 三星初夜自明冠.
天涯何處知音有, 洌水靑堤我獨殘.

술 마신 시정은 누구라도 너그럽고,
삼태성 초저녁 절로 밝기 최골세.
하늘 끝 그 어디에 지음이 있던고,
한강의 푸른 둑에 나 홀로 남았네.

156. 憶淸州

知人對話踏高樓, 六月太陽照淸州.
群燕亂飛蒼空覆, 天涯雲霧自然流.

아는 이와 대화로 높은 누에 오르니,
유월의 태양은 청주를 비춰주네.
제비는 떼 지어 날아 창공을 덮는데,
하늘 끝 운무는 자연스레 흐르네.

157. 憶鎭海訓鍊所

天極蒼空天子峰, 南端海上霧煙濃.
新兵訓鍊總三月, 四十年前夢裏逢.

하늘 끝의 창공인 천자봉에 오르니,
남쪽 끝 바다 위엔 안개이내 짙네.
신병들의 훈련은 모두가 석 달인데,
사십 년 전에 일을 꿈에서 만나네.

158. 故友相逢

相逢舊友乃情親, 姿態依然思考珍.
談笑淸言風雨夕, 主賓小飮不爲貧.

서로 만난 옛 친구 이에 정에 가까워,
모습도 의연하고 생각도 진귀하네.
담소는 좋은 얘기 비바람의 저녁인데,
주인과 손님이 가난함을 모르더라.

159. 憶海印寺(1)

山寺春天無點埃, 信心詩詠不時開.
林間花色如錦繡, 幽谷流聲似聽雷.

산사에 봄날은 티끌 한 점 없는데,
믿는 맘 시 읊으며 느닷없이 열었구나.
숲 사이 꽃 색은 수를 놓은 듯하고,
유곡의 물소리는 뇌성소리 듣는구나.

160. 憶海印寺(2)

千年寺刹又今徊, 不見古人有碧苔.
橋下流聲如霹靂, 周邊山色衆生徘.

천년의 사찰이라 이번에 또 왔더니,
고인이 보지 못한 푸른 이끼 돋았구나.
다리 아래 물소리는 벽력과 같은데,
주변의 산 경치에 중생들이 놀고 있네.

161. 憶海印寺(3)

孤雲去世已千年, 此處酒杯羞恥光.
山寺偉容今不變, 往來俗客願無埃.

고운 선생 세상 하직 이미 천 년인데,
이곳에 술잔이라 부끄러움 확실하네.
산사의 멋진 모습 지금도 변함없고,
오고 가는 속인은 티 없기를 바라네.

162. 六月閑日(1)

盡日漢江終覆霞, 灰天濕氣喜悲加.
詩書精進有寒士, 惟願快晴樹影斜.

왼 종일 한강은 이내로 뒤덮였고,
회색 하늘 습기에 희비를 더 보태네.
시서로 정진하는 가난한 선비 있어,
바라기는 쾌청해 나무 그늘 비끼길.

163. 六月閑日 (2)

山水何處常亦然, 人生不易不穩全.
內堂女息健康在, 此是宜當比喩仙.

산수가 어디 있든 언제나 그러했지,
인생도 쉽지 않아 온전하지 않구나.
아내와 딸자식이 건강하게 지내니,
이야말로 마땅하게 신선놀이 비할까.

164. 明齋洪基鳳個人展所感

電鐵換乘爲二三, 明齋書畵一堂含.
心痕形象眞多樣, 觀者始終稱讚談.

전철을 바꿔 타기 두세 번 거치니,
명재의 글씨 그림 한 곳에 모여 있네.
마음의 형상들은 참으로 다양하니,
보는 이는 끝까지 칭찬하는 말만 하네.

* 2003. 6. 14. 인천종합예술회관

165. 秋亭金良一個人展所感

梅蘭菊竹一堂催, 歸國秋亭展示開.
筆墨精神描紙上, 自由奔放最高回.

매화 난조 국화 대를 한 곳에 펼쳐,
귀국한 추정선생 전시회를 펼쳤도다.
필묵의 정신을 종이 위에 그렸으니,
자유롭게 넘쳐나니 최고로 돌아왔네.

* 2003. 6. 15. 포철아트룸(6)12~18.

166. 金大中對談有感

對北送金何者行, 雙邦利害塞言聲.
一人實踐分明誤, 相互平和蒸發榮.

대북에 송금은 그 누가 실행했나,
두 나라의 이해를 애기로써 막고 있네.
한 사람이 실천함은 확실한 잘못,
서로 위한 평화와 영화로움 증발했네.

* 2003. 6. 15. 6·15 三周年記念對談을 듣고

167. 六月天氣(1)

何日雨中何日晴, 人間心裏換虛盈.
平常態度維持務, 每事順調如意明.

어느 날 비 내리고 어느 날 개이니,
인간의 마음속은 비고도 차는구나.
평상시 태도를 유지함에 힘을 쏟고,
매사가 순조로워 뜻대로 되기 바라.

168. 憶晉陽湖

四面青山帶碧湖, 何人是見晉州圖.
小舟遊客喜多少, 圍竹友家畵裏無.

사면이 청산인데 푸른 호수 두르고,
그 누가 보든지 진주의 그림이로다.
작은 배 유람객은 크고 작은 기쁨이,
대를 두른 친구 집은 그림에 없네.

169. 六月偶吟(2)

彩虹如畵水波潛, 橋上往來橋下瞻.
我亦看之紅染色, 淸風懇切熱漸漸.

무지개가 그림처럼 물결에 잠기니,
다리 위를 오가며 다리 아래 보누나.
나 역시 보자 하니 붉게 물들이니,
맑은 바람 간절하게 점차로 더워지네.

170. 6回國際書法交流展(1)

國際交流展示場, 六回行事漢城揚.
馬來西亞發源始, 十二邦家三百光.

국제간에 교류하는 전시장에서,
여섯 번째 행사는 서울에서 들었구나.
말레이시아에서 처음으로 일어나,
열 두 나라 작가 삼 백 명이 빛나네.

* 2003. 6. 18. 세종문화회관 전시장 전관

171. 6回國際書法交流展(2)

外國書人來十名, 現場光景一層明.
論文發表無制限, 通譯問題不備行.

외국의 서예가 십여 명이 왔으니,
현장의 광경으론 더한층 밝았네.
논문의 발표는 제한이 없었으나,
통역의 문제는 갖추지 않고 행했네.

172. 六月偶吟(3)

山翠溪流幽澗聞, 濃陰樹下夏天云.
樓臺無限白雲至, 無計一杯可成文.

산 푸른 골짝에서 물소리를 들으며,
짙은 그늘 나무 밑 여름을 말하네.
누대엔 제한 없어 흰 구름 닥치니,
계획 없이 한 잔 술에 글이나 될 건가.

173. 六月偶吟(4)

天涯山上白雲過, 長夏微風搖葉多.
老境常看明月色, 餘年吟律有情何.

하늘 끝 산마루에 흰 구름 지나니,
긴 여름 가는 바람 잎을 많이 흔드네.
노경에 늘상 보는 밝은 달빛이라,
남은 세월 글 읊으니 무슨 정 있겠나.

174. 六月偶吟(5)

山光倒影小池塘, 高樹陰濃炎日忘.
酒力恒常言筆力, 古書一讀士人香.

산색이 비치는 작은 연못 바라보며,
높은 나무 그늘에서 여름을 끝내네.
주력은 언제나 필력이라 말을 하니,
고서 한 번 읽으니 선비 향기 나네.

175. 六月偶吟(6)

一生書寫救名聲, 畵格根源何處成.
篆刻評論皆竝用, 心中形象不忘情.

평생을 글씨 쓰며 명성을 건지려나,
화격의 근원이 어디에서 이루는가.
전각과 평론을 다 함께 아우르면서,
마음속의 형상은 못 잊을 정일세.

176. 於釜山行列車(1)

淡霧山川何不明, 車窓近處綠陰盈.
旅行眞味外觀察, 京釜之間如此橫.

옅은 안개 산천은 왜 이리 어두운가,
차창의 근처엔 짙은 녹음 가득해.
여행의 참 맛은 바깥을 보는 건데,
서울 부산 사이가 이렇게 놓였으니.

177. 於釜山行列車(2)

四時間半列車乘, 京釜旅行無不能.
快速未通成未久, 首都近接一層昇.

네 시간 반이나 열차를 타고나면,
서울 부산 여행이 어려운 건 아닐세.
쾌속 전차 아직이나 곧장 이루니,
수도에 근접하면 더한층 오르겠네.

178. 晉州行(1)

人間能力限分明, 思考偏差異見生.
狀況展開相別個, 公同意識愛情淸.

인간의 능력에는 한계가 분명하니,
생각의 편차와 이견이 생기는 것.
상황의 전개는 서로서로 별개인데,
공동의 의식에는 애정이 맑아야지.

179. 晉州行(2)

沙上恒時煩雜場, 往來乘客數無量.
午前午後異移動, 不遠西岑沒太陽.

사상은 어느 때나 번잡한 곳이라서,
오가는 승객은 그 수가 엄청나네.
오전과 오후에 이동하는 것이 달라,
머지않아 서쪽 산에 해가 지겠네.

180. 晉州行(3)

洛東江口碧天連, 水色灰雲造化緣.
芳草平原知夏季, 掩山淡雲有神仙.

낙동강 입구에는 푸른 하늘 잇고,
물색과 회색구름 조화의 인연일세.
방초로 평원 이뤄 여름을 알겠고,
산을 가린 옅은 구름 신선이 있네.

181. 入於晉州

南江淸曲尙閑流, 遊客小舟樂喜遊.
歲月人心常有變, 山川形色自然儔.

남강의 맑은 굽이 오히려 한가롭고,
유객은 작은 배에 즐겁게 노니네.
세월과 인심은 언제나 변화가 있어,
산천의 형색은 자연스레 짝하네.

182. 於晉州詩社(1)

晉陽風月自承吟, 日氣炎天皆熱心.
今月宿題何者問, 崇文生活復興臨.

진양에서 시를 읊어 스스로 이으니,
날씨조차 더운데 모두들 열심일세.
이 달의 숙제는 누구에게 물을꼬,
글 숭상하는 생활 다시 일으켜보세.

183. 於晉州詩社(2)

江岸義巖論介魂, 高樓矗石水中根.
往來遊客心不在, 四百年前看竹林.

강안에 의암은 논개의 혼이 있고,
높다란 촉석루는 물 속에 뿌리박네.
오고가는 유객은 마음이 없는데,
사백 년 전 일들을 대숲은 보았겠지.

184. 過咸陽

咸陽山勢隣近魁, 天地四方美麗開.
清曲深川遊客樂, 江邊巖上釣魚臺.

함양의 산세는 인근에서 빼어나니,
천지 사방으로 아름답게 열렸구나.
맑은 굽이 깊은 내 놀이꾼 즐겁고,
강둑의 바위 위엔 낚시꾼이 앉았네.

185. 6·25 動亂 54周年(2)

戰爭慘事不忘爲, 日氣灰天連日支.
五十四年離散解, 當然統一眼前之.

전쟁의 참사는 잊지 말아야 하니,
날씨조차 흐린 게 날마다 이어지네.
오십 사 년 전이나 이산을 풀어,
당연하게 통일하여 눈앞에 펼쳐보세.

186. 6·25 動亂 54周年(4)

雨中魂魄出門無, 不變悲哀家族愚.
愛國精神存表象, 恒心尊敬也誰娛.

빗속이라 혼백들은 문을 안 나서니,
변함없이 불쌍한 어리석은 가족.
애국하는 정신의 상징으로 있으니,
항심으로 존경하면 누구나 편안해.

* 동작동 국립현충원을 지나면서

187. 見於金剛山情景

南北相逢七次成, 雨中落淚滿場盈.
暫時相互問情況, 母子弟兄夫婦聲.

남북이 서로 만남 일곱 번째 이루니,
빗속에 눈물로 그 자리를 메우네.
잠시 동안 서로 만나 정황을 물으니,
모자와 형제들 부부간의 소리로다.

188. 六月二十八日

嶺南豪雨京畿晴, 快日淸天何有情.
中部地方遊野外, 自然神秘再三驚.

영남에는 호우인데 경기는 개이고,
하늘 맑아 깨끗한 날 어떠한 정이랴.
중부의 지방에는 야유회로 노니니,
자연의 신비함에 또 다시 놀라겠네.

189. 圃隱先祖記念募詩

圃隱祖先記念場, 四人參席二人揚.
競爭選拔看思考, 今世名文是光榮.

포은 선조 기려서 시 가리는 곳에서,
네 명이 참석하여 두 명이 가려졌네.
경쟁하여 선발된 생각을 살펴보니,
금세의 명문이라 이야말로 영광일세.

* 2003. 6. 29. 門徒二名入佳作

190. 於電視見土耳基洞窟住居

地球到處有無知, 巖窟住居土耳基.
一部公開其實態, 神奇方式生活爲.

지구의 도처에는 모르는 게 있는데,
바위굴에 살고 있는 터키를 살펴봤네.
일부를 공개하여 그 실태 읽었는데,
신기한 방식으로 생활을 하고 있네.

191. 讀關東八景

關東八景海邊長, 累代雅稱不變揚.
今昔看人同一感, 松江先祖播心香.

관동의 팔경이라 해변이 길다란데,
오랜 세월 그 이름 변함없이 들리네.
예나 지금 보는 이는 같은 느낌에,
송강 선조의 마음향기 지금도 퍼지네.

192. 詠懷(1)

山中茅屋一藏書, 八十人生二十餘.
心裏經綸賢展轉, 世間榮辱本來虛.

산속의 초가집에 책이나 간직하고,
팔십의 인생에서 남은 것이 이십 년.
마음의 경륜을 어질게 펼쳐 보면,
세간의 영욕은 본래부터 빈 것이라네.

193. 詠懷濟州

瀛海連天不見涯, 靈峰何處白雲埋.
漢挐頂上遊仙客, 五色燦然繁市街.

바다와 하늘 이어 그 끝이 안 보여,
영봉이 어디더냐 흰 구름이 메웠네.
한라산 꼭대기에 신선들이 노닐고,
오색도 번쩍이며 시가는 번성하네.

194. 詠懷(3)

是如世事起風波, 俗物無知奔走多.
虛慾招來明結果, 自繩自縛不怨他.

이러한 세상에서 풍파가 일어나니,
속물들은 모른 채 바쁘기만 하더라.
허욕이 불러들인 결과가 분명하니,
스스로가 묶었었지 남을 원망 마라.

195. 詠懷(4)

片雲載雨白雲臺, 知者登攀中止回.
間或何人當事故, 高巖無語山上魁.

조각구름 비를 싣고 백운대 도니,
아는 이 오르기를 중지하고 돌아와.
간혹은 어떤 사람 사고를 당하고,
높은 바위 말없이 산 위의 으뜸이라.

196. 詠懷(6)

翰墨餘生比喩樵, 江邊白鷺兩三遙.
胸中有畫筆鋒動, 山上半掛紅日描.

한묵으로 남은 생애 나무꾼에 비하니,
강변에 백로가 두세 마리 아득해.
마음속 그림에 붓끝이 움직이니,
산 위에 반쯤 걸린 붉은 해 그릴까.

197. 看漢江邊

楊柳數株大廈緣, 婆翁白髮兩儔然.
江邊咫尺狎鷗亭, 往歲如流三十年.

버드나무 몇 그루 빌딩을 꾸며주고,
영감 할멈 흰머리는 두 분이 짝하네.
강변이 지척인데 압구정동에서는,
세월이 그럭저럭 삼십 년이 흘러갔네.

198. 陽七月七日

歲月往還流水斯, 醉中春去我無知.
花開花落次年見, 未笑殘紅何者思.

세월이 오가는 건 이렇게 흘러가고,
취중에 봄이 가니 나는 알지 못했네.
꽃 피고 꽃 지는 건 내년에도 보이지,
희미하게 붉은 해 누가 뭘 생각하랴.

199. 吟竹

開花鳴鳥共春遊, 來夏歸君生別愁.
此竹其中清氣發, 相思後日必然儔.

꽃 피고 새 우는 봄은 함께 노닐고,
여름엔 그대 가니 다른 걱정 생기네.
이 대나무 그 가운데 청기를 내니,
훗날을 서로 생각 반드시 짝 되리라.

200. 女息婚事決定

芝媛結姻來眼前, 母親每事超然全.
婚書到着眞興奮, 男女貴賓展瑞筵.

지원이의 혼사가 눈앞에 닥쳤으나,
모친은 매사에 전적으로 초연하네.
혼서가 도착하니 참으로 흥분되고,
남녀 귀빈 펼치니 상서로운 자릴세.

* 2003. 7. 5.

201. 蘭

淸風徐來動微香, 氷骨春心夕陽芳.
君伴寓居生不變, 幽情鼻觸醉陰陽.

맑은 바람 서서히 은근 향기 풍기고,
얼음 같은 봄은 석양에 향기롭네.
그대와 함께 사니 일생을 변함없고,
그윽한 정 코끝에 모두가 취하네.

202. 頌淸潭

東方精氣集淸潭, 江岸靑堤秀麗含.
歷史中心名士往, 住居環境孰當貪.

동방의 정기 맑은 못에 모였으니,
강둑에 푸른 제방 수려함 머금었네.
역사의 중심에서 명사들도 갔으니,
주거의 환경으론 누구든 탐을 내네.

203. 於漢江邊

長堤青艸淵川邊, 垂柳群雀鳴不眠.
仲夏炎天凉氣溢, 間或小舟渡自先.

긴 둑 푸른 풀은 못과 개울가인데,
버들에 참새 떼 안 자고 울어대네.
한 여름 더운 날 서늘함이 넘치니,
간혹 작은 배가 저 먼저 건너가네.

204. 茂谷崔錫和個人展

書畫一場相艷爭, 何人不問好言評.
詩文戲弄四君子, 茂谷筆痕也孰驚.

서화가 한 마당에 서로 고움 다투니,
누구든 불문하고 좋은 평을 하네.
시에 글을 희롱하고 사군자를 더하니,
무곡의 필흔은 누구라도 놀라네.

* 2003. 7. 9. 예술의전당

205. 石丁李財秉個人展

石丁書藝好行書, 墨舞筆歌人士如.
五體網羅揮灑展, 殿堂掛壁自心舒.

석정의 서예는 행서가 좋다 하니,
묵무필가는 그 사람 됨됨이 같다 하네.
오체를 망라하여 휘둘러 펼치니,
전당의 벽에 걸고 자기 마음 펼쳤구나.

* 2003. 7. 9. 예술의전당

206. 梅善崔永淑個人展

如穗殘存筆跡看, 與文墨竹藝人攢.
女流稀世詩書畵, 梅善胸中眞率觀.

이삭같이 남아있는 필적을 보니,
글과 함께 대나무가 예인들을 부르네.
여류가 드물게도 시서화를 겸하니,
매선의 마음 속 진솔하게 볼 수 있네.

* 2003. 7. 9. 예술의전당

207. 梵丁鄭在祥個人展

梵丁濃墨鱖魚游, 山勢浮雲水自流.
樹上猛禽天下視, 一堂書畵掛高樓.

범정의 짙은 먹은 쏘가리로 노닐고,
산세에 뜬구름과 물은 절로 흐르네.
나무 위의 맹금은 천하를 노려보니,
일당에 글씨 그림 높은 누에 걸렸네.

* 2003. 7. 9. 예술의전당

208. 小愚姜大桓個人展

小愚行草水流如, 赤壁長文一氣書.
間或奇形痕迹示, 老年筆力展無餘.

소우의 행초서 물 흐르듯 쓰였고,
적벽부의 긴 글은 단 번에 써냈도다.
간혹은 기이한 흔적도 보이지만,
노년의 필력으로 남김없이 펼쳤구나.

* 2003. 7. 9. 예술의전당

209. 七月十日

灰天蓊鬱暗胸中, 流水爲淸自淨從.
婚事眼前增返送, 五風十雨太平通.

흐린 날 답답한 마음이 어두운데,
흐르는 물 맑음은 저절로 이뤄지네.
혼사가 눈앞인데 반송이 늘어나니,
날씨만 좋다면 태평하게 통하겠지.

210. 詠懷(10)

秋聲忽然滿山川, 枯葉乘風落自然.
混亂溪邊探索路, 個人遊處不知全.

가을 소리 홀연히 산천에 가득하니,
낙엽이 바람 타고 자연스레 지네.
어지러운 개울가 길을 찾아 나서니,
개인이 놀 만한 곳 온전히 몰라라.

211. 詠懷(11)

惟獨閑居斷往來, 無言明月不休回.
生涯本質莫誰問, 萬頃蒼波片舟哉.

오로지 혼자 있어 왕래가 끊겨도,
말 없는 밝은 달은 쉬지 않고 도네.
생애의 본질을 누구에게 묻는가,
만경창파에 외로운 조각배인 것을.

212. 梅

氷姿玉骨雪中梅, 幽處春光君是魁.
逸士賢人多酷愛, 暗香遠播洗心哉.

얼음과 옥골 같은 눈 속에 매화는,
그윽한 곳 봄볕은 그대가 으뜸일세.
선비와 어진 이 모두가 좋아하니,
암향은 멀리 퍼져 마음을 씻게 하네.

213. 看夜景(1)

獨坐明窓夜景佳, 松枝掛月色無涯.
微風此際更不至, 門外淸香萬事懷.

혼자 앉은 밝은 창 야경이 고운데,
솔가지 걸린 달 끝이 없는 색이로다.
산들바람 이 때에 다시 불지 않아,
문 밖엔 맑은 향기 만사가 생각나네.

214. 看夜景(2)

城中雖好比風流, 山䇂水長常自儔.
爾問西樓誰勝地, 一杯濁酒與君留.

성내가 비록 좋아도 풍류에 비할까,
산 높고 물이 긴 건 언제나 짝이다.
네게 묻자 서루가 뉘 승지라 했나,
한 잔의 탁주로 너와 더불어 머물까.

215. 看南山

南山高塔偶然看, 傳播電波尖設端.
頂上遊戲常滿樂, 彫甍亭子四方觀.

남산의 높은 탑을 우연히 보았더니,
전파를 전하려고 뾰죽이 설치했네.
정상에서 노는 무리 언제나 즐겁고,
잘 꾸민 정자에서 사방을 살펴보네.

216. 婚事一日前

京鄕各地賀婚姻, 通信口傳感謝眞.
長女芝媛三十嫁, 新郞旼錫好相親.

경향의 각지에서 혼인을 축하하니,
통신과 구전으로 진실로 감사하네.
맏딸 지원이가 삼십에야 시집가니,
신랑 민석 군과 서로 친해 좋구나.

217. 門生入賞

小艸吟詩次席榮, 梧堂書寫最高成.
藝壇如此名聲聳, 同道因緣我獨驚.

소초가 시를 읊어 차석의 자리 들고,
오당은 글씨 써서 최고를 이뤘네.
예단에서 이와 같이 명성이 솟으면,
같은 길의 인연인 나 홀로 놀랐네.

* 2003. 7. 12. 小艸 李南叔·梧堂 金燊慶이 타 장르로 동시에 입상.

218. 潭園金昌培個人展

茶禪禮樂紙中臨, 靜裏毫端畵境尋.
百八達摩生氣動, 潭園筆墨寫無心.

차와 선 예와 악 종이 안에 임하니,
조용한 붓끝에서 화경을 생각하네.
백팔 달마들이 생기 있게 움직이니,
담원의 필묵은 무심하게 전개되네.

* 2003. 7. 2~13. 서호갤러리

219. 詠懷(12)

石床坐禪水流斟, 靜氣焚香漸夜深.
竹葉微風音律發, 西窓影月動詩心.

돌 자리 좌선에 흐른 물을 짐작코,
정중히 분향하니 밤은 점점 깊어지네.
댓잎은 미풍에 음률마저 내는데,
서창에 달 그림자는 시심을 움직이네.

220. 七月閑日(1)

連日炎天鬱寂心, 轟音窓外一層深.
自然情況喧如此, 間或山中幽處尋.

매일 같이 더우니 마음이 울적한데,
굉음은 창 밖에서 한층 더 깊어지네.
자연의 정황이 이처럼 시끄러우면,
간혹은 산중에서 신선 사는 곳 찾으리.

221. 七月閑日(2)

生之痕迹筆痕殘, 後世何人仔細看.
名士名言明貴重, 一聲佳句起毫端.

삶의 흔적이란 필흔에서 남아야지,
후세에 누구라도 자세히 볼 것이라.
명사의 명언은 분명하게 귀중하니,
한 소리 좋은 글귀 붓끝에서 내닫지.

222. 七月閑日(3)

浩然之氣自然逢, 時代變遷今不同.
環境適應何者接, 人間關係重要通.

호연지기가 자연을 만나게 한다면,
시대가 바뀌어도 지금도 같으리라.
환경의 적응은 누구라도 접하지만,
인간들의 관계는 중요하게 통하네.

223. 芝媛與旼錫旅行

濟州女息旅行中, 夫婦新婚設計窮.
苦樂一生今始作, 白君智慧四方通.

제주에서 딸애가 여행 중에 있는데,
신혼의 부부라서 설계도 궁리하지.
일생의 고락은 지금부터 시작인데,
백군의 지혜라면 사방이 잘 통하지.

224. 詠懷(13)

忽聞南域已滿春, 幽谷如冬殘雪銀.
山野換靑逢不遠, 牧童草笛故人親.

듣자하니 남쪽은 이미 봄이 가득해,
유곡은 겨울처럼 은빛의 잔설일세.
산야는 청색으로 머잖아 바뀌지만,
목동의 풀피리는 옛 사람과 친했지.

225. 七月十五日

月汀書室兩三人, 揮灑名詩春季眞.
物景展開親近意, 後生胸裏感興新.

월정 선생 서실에서 두세 사람이,
명시를 쓰고 있어 좋은 봄철일세.
물경의 전개는 친하다는 의미이니,
후생의 가슴속엔 감흥이 새롭구나.

226. 書鑑賞(1)

筆痕音律感同時, 觀者分明書態知.
流麗寫前胸裏定, 毫端形象意中隨.

붓 흔적의 음률은 동시에 느끼므로,
보는 이도 분명하게 모양을 알지.
유려함은 쓰기 전에 가슴에 정하고,
붓끝의 모양은 뜻을 따를 뿐일세.

227. 書鑑賞(2)

意在筆先分明難, 或人錯誤語毫端.
胸中成竹知眞味, 書寫核心確實觀.

뜻이 붓끝에 란 분명하게 어렵지,
어떤 이는 잘못하여 붓끝이라 말하네.
마음에서 대가 되는 참 맛을 알면,
서사의 핵심을 확실하게 볼 수 있지.

228. 書鑑賞(3)

體本研書何者同, 東洋三國古典崇.
法知法出當然道, 形象構成思考中.

체본으로 연서함은 누구나 같은데,
동양의 세 나라는 고전을 숭상하네.
법을 알고 법을 나오면 당연한 길,
형상의 구성은 생각으로 하는 걸세.

229. 書鑑賞(4)

篆隷楷行草體中, 一生同伴選專攻.
筆痕心性合形象, 便宜揮毫氣香豊.

전서 예서 해서 행서 초서 가운데,
일생을 함께 할 전공을 가려냈네.
필흔은 심성과 형상으로 합해지니,
편하게 휘호하면 향기가 넘친다네.

230. 書鑑賞(5)

書藝必然重內容, 人人大槪好形從.
筆痕無視亦無用, 字跡精神高碧松.

서예는 반드시 내용이 중요한데,
사람들은 대개가 형태만 좋아하네.
필흔을 무시하면 역시 쓸데없어,
글자 흔적 정신은 솔처럼 높아라.

231. 詠懷(14)

草家幽谷建巖中, 澗石野花絢爛紅.
間或與朋尋訪有, 周遊天下樂無窮.

초가를 유곡의 바위 위에 세우니,
산골 물 들꽃이 현란하게 붉구나.
간혹은 친구와 찾는 이도 있지만,
두루 노니 천하가 즐거움 끝없네.

232. 詠懷(15)

舊遊日本只今夢, 居處江邊文自農.
流水依心余靜坐, 題詩幾首故人從.

옛날에 놀던 일본 지금은 꿈인가,
거처가 강변이라 글 농사 절로 짓네.
흐른 물에 마음 맡겨 정좌한 나,
글 몇 수 지어놓고 고인을 따라가리.

233. 書鑑賞(6)

書法古來書寫生, 學人何者悟分明.
平常心象現文字, 藝術精神形態驚.

서법은 예부터 서사하며 생겼으니,
배운 사람 누구나 분명히 알고 있지.
평상시 마음으로 문자를 나타내면,
예술의 정신이라 형태 보고 놀란다네.

234. 書鑑賞(7)

草書流麗水流如, 長短密虛緩急舒.
太細展開從筆勢, 五行理致象形狙.

초서는 유려하게 물이 흐르듯이,
길고 짧고 차고 비고 완급까지 펼치네.
굵기의 전개는 붓 기운에 따르니,
오행의 이치대로 형상겨냥 하리로다.

235. 書鑑賞(8)

文士戲圖比喩書, 尊崇寫意滿空虛.
筆痕氣韻精神讀, 累代世人酷愛諸.

문사가 즐김을 글씨에 비유하니,
쓰는 의미 존중하니 공간에 들어찼네.
붓 흔적 기의 울림 정신을 읽고,
여러 대의 세상사람 모두가 좋아하네.

236. 書鑑賞(9)

筆寫意從紙面遊, 毫端與色自然流.
文人寫畵文人畵, 如此熟知彼我儔.

붓 놀림 뜻을 따라 지면에 노니니,
붓끝은 색과 함께 자연스레 흐르네.
문인이 그린 그림이 문인화인데,
이렇게 숙지하면 너와 내가 짝되네.

237. 陵洞兒童大公園

平日公園遊客加, 幼兒性品樂觀花.
何時不問開門處, 炎夏陰長西日斜.

평일인데 공원은 유객이 늘어나니,
어린이 성품은 꽃 보듯이 즐겁네.
언제라 할 것 없이 문은 열려있어,
여름날 긴 그늘 서쪽에 해 기우네.

238. 七月十六日

同期某處六名顏, 深刻問題熟議頑.
脫退會員生近者, 友情存續疑心關.

동기생이 모처에서 여섯이 모여서,
심각한 문제인가 의논을 거듭하네.
탈퇴하는 회원이 근자에 생겼는데,
우정의 존속인가 의심을 막아놓네.

239. 思妻姪女

姪女在家諸事難, 西洋生活本人漫.
然而注意眞傳達, 母國暫存夢裏看.

질녀가 집에 있어 여러 가지 어려워,
서양식 생활에 본인은 어지럽네.
그래도 주의를 제대로 전달했는데,
모국에 잠시 체재 꿈속을 보는 듯.

240. 癸未制憲節(2)

依法治民何事爲, 萬辭無用太平期.
水流兩岸增遊客, 不恥餘生設計支.

법으로 다스린 백성 무엇 때문인고,
긴말이 필요 없다 태평을 기하자.
물 흐르는 양 둑에 유객이 늘어나니,
여생을 떳떳하게 설계로 가르자.

241. 詠懷(18)

險路人生此處來, 詩書刻畵盛名開.
文章美麗評論及, 藝術全般觀望臺.

험한 길 인생이 여기까지 왔으니,
시 글씨 새김 그림 이름을 열었네.
문장이 미려하고 평론도 이르니,
예술의 전반을 관망하는 자리일세.

242. 漢詩復興(5)

歷史多生文筆家, 東坡李杜必然誇.
中原隣近漢詩盛, 今世我邦次第榮.

역사에 많이 난 문필가들 가운데,
동파 이백 두보는 필연적인 자랑.
가까운 중원엔 한시가 성행하니,
금세에 이 나라도 이때에 꽃피우세.

243. 漢詩復興(6)

人性遺痕何者存, 詩文書畵一生論.
精神記錄力無比, 歷史恒常證據尊.

인성이 남긴 걸 그 누가 보존하나,
시와 글 글씨 그림 일생을 말하네.
정신을 적는 것 비교 못할 힘이라,
역사는 언제나 증거를 존중한다네.

244. 七月十八日(雨天 1)

暴炎凍雨換炎天, 中伏眼前不順連.
寂寞江邊垂楊柳, 微風搖葉感新鮮.

찌는 더위 소나기는 더운 날로 바꿔,
중복이 눈앞에 불순의 연속이라.
조용한 강변에는 버들이 늘어지고,
미풍이 잎 흔드니 신선하게 느끼네.

245. 七月十八日(雨天 2)

炎天濃霧覆靑堤, 水流無聲飛鳥迷.
降雨四方煙雨裏, 胸中雜念換詩題.

더운 날 짙은 안개 푸른 둑 뒤덮어,
물소리는 안 들려 새들만 헤매네.
비 내리는 사방은 연우에 잠겼는데,
가슴에 잡념은 시제로 바뀌더라.

246. 七月十八日(雨天 4)

雨中情景入車窓, 路面如流來往浪.
奔走日常圖畵寫, 自然攝理順從當.

비 오는 정경이 차창에 들어오고,
노면은 흘러서 물결이 넘쳐나네.
분주한 일상생활 그림을 그리듯이,
자연의 섭리는 순종함이 당연해.

247. 刻字

木板書痕彫刻爲, 匠人苦惱樣多之.
陰陽立體次元異, 技藝運刀千代支.

목판에 글씨 흔적 조각으로 하니,
장인의 고뇌는 다양함이 많구나.
음양에 입체로 차원을 달리하니,
기예의 칼 움직임 천대를 지탱해.

248. 七月十八日(雨天 5)

漢江煙雨碧天連, 楊柳千絲垂直全.
雲裏太陽當不照, 水流西海自然緣.

한강에 이내는 푸른 하늘에 잇고,
버들가지 천 가닥 수직으로 완전.
구름 속에 태양은 비치질 못하니,
물은 흘러 서해로 자연스런 인연.

249. 釜山行於京釜線(1)

大田霖雨漢城同, 京釜列車走向東.
乍雨乍晴濃霧覆, 通過洞窟暫時聾.

대전에도 소나기는 서울과 같은데,
경부선 열차는 동쪽 향해 달리네.
잠시 비 잠시 맑다 짙은 안개 덮고,
통과한 동굴에선 잠시 귀머거리.

250. 釜山行於京釜線(3)

永同到着乍雲開, 景色新鮮無限催.
日照靑山生白霧, 四圍樣態潔無埃.

영동에 도착하니 잠시 구름 개이고,
경치가 신선하여 끝없이 펼치네.
해 비친 청산엔 흰 안개 피어나고,
사방에 모양새 티끌 없이 깨끗해.

251. 釜山行於京釜線(4)

山上照陽山麓煙, 自然造化不言然.
雲開天碧片雲視, 白鳥兩三餌索邊.

산 위엔 해 비치고 산 아랜 이내인데,
자연의 조화는 말없이 그대롤세.
구름 걷혀 푸른 하늘 편운이 보이니,
백조 두세 마리 가에서 모이 찾네.

252. 釜山行於京釜線(5)

金泉平野野山圍, 來往時期天氣違.
大廈登場風景異, 如鄕實像暫間歸.

김천의 평야는 야산으로 둘러졌고,
오고가는 시기마다 날씨는 다르구나.
큰 빌딩 등장하니 경치는 다른데,
고향 같은 실상에 잠깐 동안 돌아가네.

253. 釜山行於京釜線(6)

碧天閑暇白雲浮, 江岸二三水鳥遊.
工事奔忙龜尾驛, 炎天熱氣任無憂.

푸른 하늘 한가롭게 흰 구름 떠있고,
강둑엔 두세 마리 물새가 노니네.
공사가 바쁘구나 구미의 역 근처엔,
더운 날 뜨건 기운 별 걱정 없어라.

254. 釜山行於京釜線(8)

霖雨每年被害降, 今回浸水洛東江.
堤防何處分無理, 不斷人災責任邦.

장마는 해마다 피해를 크게 하니,
이번에도 물에 잠긴 낙동강 일대로다.
제방은 어딘가 분명히 무리인데,
끝없는 사람 잘못 그 책임은 나라로다.

255. 釜山行於京釜線(9)

西部釜山煩雜常, 往來乘客必然忙.
時差早晚事情有, 流水洛東濁水忘.

서부 부산 지역엔 언제나 번잡한데,
오고 가는 승객들 반드시 바쁘겠지.
시간차는 조만 간에 사정이 있겠지,
흐르는 낙동강도 흐린 물은 잊겠지.

256. 於七佛寺

晉州正午向河東, 車輛同乘詩客同.
七佛由來駕洛國, 如初筆跡柱聯中.

진주에서 정오에 하등으로 갔는데,
차량에 같이 탄 시객들은 한 가질세.
칠불사의 유래는 그 옛날 가락국,
여초 선생 필적이 주련으로 가득하네.

257. 於平沙里(1)

河東名所平沙里, 小說新生土地魁.
兄弟雙峰家後聳, 蕭湘八景眼前開.

하동의 명소인 평사리에 들어서니,
소설 속에 새로 난 토지가 으뜸일세.
형제산 쌍봉 아래 그 후에 집 서니,
소상에 필적할 팔경 눈앞에 펼쳐졌네.

258. 於平沙里(2)

遠浦歸帆勝景吟, 平沙落雁昔時音.
崔參判宅定高處, 懸板柱聯不掛今.

먼 포구에 배 드니 좋은 경치 읊고,
평사리 기러기 앉아 옛 소리 들리네.
최 참판 댁 높은 곳에 정해졌지만,
현판과 주련 들 지금은 보이지 않네.

259. 於平沙里(3)

雲雨濁流怪異何, 雙磎寺內往來多.
清溪幽谷滿遊客, 靑岸樹陰黃鳥歌.

비구름 흐린 물 어찌하여 괴이해,
쌍계사 안에는 오고 가는 사람 많아.
맑은 계곡 그윽한 곳 놀이꾼 많고,
푸른 둑 그늘 아랜 꾀꼬리 노래하네.

260. 於平沙里(4)

河東各處自然佳, 智異岳陽景色加.
和氣先來君子宅, 瑞光常照吉人家.

하동의 모든 곳이 자연히 아름답고,
지리산의 악양이 경치를 더 보태네.
화기가 먼저 와서 군자의 집이던가,
서광이 비쳐드니 좋은 사람 집일세.

261. 於平沙里(5)

智異發源南海流, 蟾津江伴岳陽樓.
山高水潔與心潔, 和氣常存君子留.

지리산에 발원하여 남해로 흐르는,
섬진강과 짝하는 악양루가 우뚝하네.
산 높고 물 맑으니 마음도 맑은데,
화기가 있으므로 군자 함께 머무네.

262. 曉日

東窓昇日曉然開, 來往千秋願不回.
野戶漁家皆畵裏, 健康心性送無埃.

동창에 해 오르니 새벽은 열리고,
왔다 간 역사는 원해도 안 돌아오네.
촌집과 어촌 집은 모두가 그림인데,
건강한 마음으로 티끌 없이 보내세.

263. 憶七佛寺(1)

山寺斜陽出老僧, 周圍景色客驚增.
岳陽平野眼前遠, 七佛仰觀曲路登.

산사에 해 비끼니 노승이 나오고,
주위의 경치에 놀란 손님 불어나네.
악양의 평야는 눈앞에서 멀어지고,
칠불사 올려보며 굽은 길 올라가네.

264. 惜別

天下好朋何處無, 胸中尋訪友圖謀.
始終利害相關起, 學問尊崇逢巨儒.

천하에 좋은 벗이 어딘들 없겠나,
마음으로 찾아가는 친구를 꾀해야지.
끝까지 이해로서 관련이 일어나니,
학문으로 존중하는 큰선비 만나야지.

265. 江邊曉日(1)

東窓曉起聽蟬鳴, 陋巷千秋欲曙明.
幽谷水村皆似畫, 尋詩老客發生情.

동창 밝아 새벽부터 매미는 울고,
좁은 거리 천추에 밝아지길 원하네.
그윽한 강촌은 모두가 그림 같아,
시를 찾는 노객은 본성이 일어나네.

266. 於對話(1)

對話互相發展期, 問題重點客觀支.
必然異見從人有, 讓步行爲美德知.

대화는 서로간에 발전을 기약하니,
문제의 중점을 객관적으로 지탱해.
반드시 다른 견해 사람 따라 있어,
양보하는 행위를 미덕으로 알아야.

267. 於對話(2)

先人敎訓不無言, 書籍口傳今尙論.
知者行爲當範本, 丈夫態度動乾坤.

선인의 가르침의 말 없음 아니지만,
서적이나 구전으로 지금도 말하네.
아는 자의 행위는 당연히 모범이니,
장부의 태도는 하늘땅을 움직이네.

268. 無題(1)

天下好朋難不無, 人間心性似舊蒲.
洗毛使用昔時語, 相互尊崇當必須.

천하에 좋은 벗 어려움은 있지만,
인간의 본성은 옛 창포를 닮았다네.
머리 감는 역할은 옛날 말이지만,
서로가 존중함은 마땅히 그래야지.

269. 憶杭州

與友中原登古樓, 炎天六月訪杭州.
西湖帆影煙中盡, 我見錢江大海流.

벗과 함께 중국에서 옛 누각 오르려,
더운 날 유월에 항주를 찾았다네.
서호의 배 그림자 이내 속에 사라져,
내가 본 전당강은 대해로 흐르네.

270. 夏日卽事(1)

南山亭子集鴻儒, 世事談論言首都.
歌舞吟詩雖不足, 綠陰芳草與君娛.

남산의 정자에는 큰선비 모여들어,
세상사 담론을 서울에서 말을 하네.
춤과 노래 시 읊기 비록 모자라나,
녹음과 방초는 그대와 함께 즐기네.

271. 思漁港

山登竹杖白雲峰, 往事節期喜事空.
余又來年備漁艇, 欣然好處友相通.

죽장 짚고 산 오르니 백운봉이라,
지난 일은 기간마다 희사도 비었네.
나는 또 내년에 고깃배 준비하여,
흔연히 좋은 곳에 벗과 서로 통하리.

272. 夏日卽事(3)

休日在家樂喜明, 胸中鬱寂聽蟬鳴.
炎天降雨洗心比, 洌水閑流先不爭.

휴일에 집에 있으니 기쁨이 분명,
마음이 울적하면 매미소리 듣는다.
더운 날 비 내림은 세심에 비하고,
한강이 흐르나 앞 다툼이 없구나.

273. 追慕圃隱先祖(2)

今世賢人何者思, 不知不識不然而.
擧名記念皆無用, 恒次吟詩追慕其.

지금 세상 현인 중 누구를 생각해,
모르고 모르니 그렇지 않겠는가.
이름 들어 기념은 모두 쓸데없어,
그런데 시를 지어 그를 추모할까.

274. 追慕圃隱先祖(3)

日本使臣危險途, 三千捕擄送還謨.
問題多樣生諸處, 氣槪通過歷史儒.

일본에 사신으로 위험한 길을 가서,
삼천 명의 포로를 송환해 왔네.
문제의 다양함은 제처에서 생기니,
기개로서 통과시킨 역사의 선비.

275. 休戰50周年

休戰調印五十年, 兩分祖國只今然.
銃聲停止緊張續, 北核對應世界聯.

휴전을 조인한 지 오십 년이 지나도,
양분된 조국은 지금까지 그렇군.
총성은 멈췄으나 긴장은 이어지고,
북핵에 대응하여 세계가 연대하네.

276. 扇面書寫有感

扇面墨書茶飯事, 日人三個寫同時.
煙波釣月稱天騂, 何者無關眞味知.

선면에 글씨 씀은 다반사로 여기니,
하루에 세 장은 동시에 쓴다네.
연파조월이 차천로 글씨라 하는데,
누구든 상관이 없다 진미만 안다면.

277. 炎夏卽事(1)

炎天休息必要明, 乍雨乍晴前後爭.
諸事均衡從日氣, 項羽壯士順延生.

더운 날에 휴식은 분명히 필요해,
잠시 비 잠시 개임 앞뒤로 다투네.
모든 일의 균형이 일기에 따르면,
항우 장사도 순리대로 끌어들이네.

278. 思長谷金宇根先生

光州遠地每週來, 書寫造形詩韻培.
老頃文人充意慾, 欲而不貪必然開.

광주의 먼 곳에서 주말에 와주니,
서사의 조형에다 시운도 키우네.
노경에 문인의 의욕이 가득하니,
의욕에 탐 안 내면 반드시 열리리.

279. 曉峰物波作品展

書畵刀痕綜合輝, 是如彩墨一堂揮.
曉峰藝術極多樣, 現代造形根本歸.

글씨 그림 칸 흔적 종합적인 번쩍임,
이처럼 채묵으로 일당에 떨치네.
효봉의 예술은 지극히 다양하니,
현대적인 조형으로 근본에 돌아가네.

280. 閑居(1)

江北江南微雨分, 青堤青草放香紛.
遊人同伴歸何處, 遙遠野山覆暗雲.

강북과 강남이 가랑비로 가르니,
푸른 둑에 푸른 풀 섞인 향기 날리네.
놀이꾼과 동반하여 어디로 가나,
아득히 먼 야산은 검은 구름 덮였으니.

281. 閑居(2)

玄關何者喚聲開, 近處公園散策徊.
昨夜江邊風雨續, 泛舟水上漁翁來.

현관은 누군가 부르는 소리에 열고,
근처에 공원에선 산책하며 노니네.
어젯밤 강변에선 풍우 이어졌는데,
물 위에 배를 띄운 어옹이 나타나네.

282. 閑居(3)

江邊大廈獨閑居, 明月風淸興趣餘.
人跡已終山鳥語, 唯余塢上我心虛.

강변의 빌딩에서 나 홀로 한가한데,
밝은 달 맑은 바람 흥취가 남았네.
인적은 이미 끊겨 산새들만 우는데,
오직 나는 둑 위에서 마음을 비우네.

283. 閑居(4)

槿域文章何者成, 松江多樣筆痕英.
歌詞嚆矢關東曲, 今世雖孰追姓名.

근역에 문장은 그 누가 이루었나,
송강 선생 다양한 필흔이 봉오릴세.
가사의 효시로서 관동별곡 있으니,
금세에 누굴 밀어 그 이름 추천하랴.

284. 閑居(5)

世上無涯生有涯, 浩然之氣在何之.
漢江千曲如圖畵, 看卽山川皆換詩.

세상은 끝없어도 삶은 끝이 있어,
더 넓은 기운이 어디에 있을 손가.
한강의 천 굽이는 그림과 같은데,
보고서는 산천을 그림으로 바꾸리.

285. 閑居(6)

明月滿庭有燭新, 山光白夜何無賓.
微風竹葉如琴彈, 此境向誰傳味眞.

밝은 달 뜰에 비춰 새 촛불 있는 듯,
산 빛은 밝은 밤 어떤 손도 없네.
미풍에 댓잎은 거문고 소리내는 듯,
이 경지 누굴 향해 참 맛을 전할꼬.

286. 閑居(7)

林間不止聽蟬聲, 夏日炎長好影明.
霖雨乍晴尋熱氣, 樹陰坐定我心淸.

숲에는 쉬지 않고 매미소리 들리고,
여름날 더우니 그늘만 좋아하네.
장맛비 잠시 개니 열기가 들고,
나무 그늘 자리 정한 내 마음 맑네.

287. 憶海印寺入口

鬱蒼幽谷嶂巖巒, 奔走往來車輛間.
遊客紅黃遊處處, 溪邊碑石塞籠山.

울창한 유곡에 바위산이 둘러져,
바쁘게 오가는 차량들의 사이라네.
유객은 울긋불긋 곳곳에 노닐고,
개울가 비석은 농산정과 사이 됐네.

* 籠山=籠山亭

288. 七月二十九日(1)

暴炎世界起災殃, 山火水魔到處傷.
被害住民無對策, 碧天熱氣念波浪.

폭염은 세계에 재앙을 일으키고,
산불과 물난리는 도처에서 상처 내네.
피해 입은 주민은 대책이 없는데,
푸른 하늘에 열기는 물결만 생각해.

289. 見於漢江

雨後漢江起靑煙, 閑流水上渡帆船.
長堤千里淸草色, 歷史浮沈持續連.

비 온 뒤 한강은 푸른 이내 일고,
한가한 물결 위엔 돛단배 건너가네.
긴 강둑 천리라도 풀색은 맑은데,
역사의 부침은 계속해서 이어지네.

290. 漢江(2)

洌水滔滔流水長, 始源太白淼茫昌.
近畿百姓連生命, 我邦文化萬邦揚.

한강은 도도하게 길게도 흐르는데,
시작은 태백에서 가득히 불어나네.
서울 근처 백성들의 생명을 잇고,
우리나라 문화를 만방에 드날리네.

291. 于閑日(1)

衆人每日混何喧, 用務區分出入煩.
地下往來乘電鐵, 無言行動我殘痕.

많은 사람 매일 왜 이리 시끌해,
볼일을 구분하여 바쁘게 드나드네.
지하로 오고가는 전차를 타는데,
말없이 행동하면 나의 흔적 남겠지.

292. 于閑日(2)

蟬聲搖亂路邊陰, 來往轟音車輛音.
夏日暴炎堪耐可, 何如閑暇休我心.

매미소리 요란한 길가의 그늘에서,
오가는 굉음은 차량의 소리라네.
여름이 더운 건 감당할 수 있는데,
하여간 한가히 내 마음 쉬고 싶네.

293. 憶鏡浦臺

高樓鏡浦照明月, 巖上寒松繞碧煙.
雲靄覆池塢滿竹, 塵中必是有神仙.

높은 누대 경포대 밝은 달 비추고,
바위 위 찬 솔은 푸른 이내 감쌌네.
운애는 연못 덮고 언덕엔 대 가득,
티끌 속도 반드시 신선이 있으리라.

294. 閑居卽事

東國文章何者稱, 紫霞秋史是群能.
山河不變今如古, 一問也誰其後承.

동국의 문장으로 누구를 칭할까,
자하와 추사는 무리 능가할 것일세.
산하는 변함없어 고금이 같아,
한 번 묻고 누구라도 그 뒤를 이으리.

295. 憶智異山

天極頭流聳碧空, 三南一見彩雲中.
暫登山頂四觀察, 千古靑靑谷谷同.

하늘 끝 두류산 푸른 하늘에 솟아,
삼남을 둘러봐도 고운 구름 속일세.
잠시 오른 산꼭대기 사방을 보니,
언제나 푸른 것은 골짝마다 꼭 같네.

296. 早朝卽事(1)

依借山水畵如神, 百草萬花當自春.
遂至一場皆幻像, 也誰物我又非眞.

산수를 빌려서 신은 그림을 만드니,
백초와 많은 꽃은 절로 봄을 만나네.
드디어 이른 한 마당 모두가 환상,
누구도 너와 나도 또한 진실 아니라네.

297. 早朝卽事(2)

間慾富不從貧, 閑寂閑村聾耳人.
必是乾坤無厚薄, 數家草屋訪靑春.

인간은 욕심 부려 가난을 쫓지 않아,
한적한 한촌에서 귀를 막고 살고파라.
반드시 하늘땅은 차고 부족 없으니,
몇 채의 초가집을 젊은이가 찾아드네.

298. 早朝卽事(3)

我獨閑居不往還, 與朋明月照孤寒.
余向莫問生涯事, 萬頃蒼波覆疊山.

나 홀로 한가히 오고 가질 않으면,
벗과 함께 밝은 달은 외로움을 비추리.
나를 향해 묻지 마라 생애의 일들,
넓은 바다 물결에 산 첩첩과 같은 것을.

299. 早朝卽事(7)

窓外鳥飛喧噪來, 蘭香滿室我心開.
自然造化非無理, 世事宜當從一杯.

창밖에 새 나는지 시끄럽게 오는데,
난 향기 방에 가득 내 마음도 열리네.
자연의 조화는 무리가 아니로다,
세상사 마땅하게 한 잔 술을 따라야지.

300. 早朝卽事(8)

蟬鳴聾耳亂周圍, 灼熱太陽大地輝.
運氣往還從季節, 人生行動自然歸.

매미는 귀 먹도록 주위가 시끌해,
내려 쬐는 태양은 대지 위에 빛나네.
운기가 오고 감은 계절에 따르고,
인생의 행동에는 자연으로 돌아가리.

301. 漢江(7)

長江洌水亦閑流, 千里靑堤彼我儔.
家有近方存大廈, 西山落日片舟休.

긴 강인 한강 역시 한가히 흐르니,
천리의 푸른 둑도 서로가 짝 되네.
집이 있는 근방에 빌딩이 있지만,
서산에 해 지니 조각배도 쉬는구나.

302. 在宅閑居(1)

月明庭裏無煙燭, 人跡雖無來客尋.
正欲淸言時適切, 蟬聲停止打心襟.

달 맑은 뜰에는 촛불연기 없는데,
인적이 비록 없으나 손님이 찾는다.
때마침 좋은 말 적절한 때가 되어,
매미는 그치고 심금마저 울리네.

303. 在宅閑居(2)

街路電燈道路明, 灰天雲霧喜悲生.
無風炎氣滿心裏, 流水不知今我評.

가로등도 들어와 도로도 밝은데,
잿빛 하늘 구름안개 희비가 생기네.
바람 없어 더운 기운 미음에 가득,
흐르는 물 모르지 지금의 내 평을.

304. 在宅閑居(3)

動物共遊制限從, 犬公猫猿一堂同.
人間禽獸好關係, 混亂心情多少通.

동물과 함께 놀면 제한이 따르나,
개 고양이 원숭이도 한 곳에선 같아.
인간과 금수는 좋은 관계이므로,
어지러운 심정은 다소나마 통할 걸세.

305. 漢江(8)

濃霧底邊天地連, 遠山流水自然全.
大橋長短列江上, 不見鷗飛閑寂先.

짙은 안개 바닥에서 천지를 잇고,
먼 산과 흐르는 물 저절로 온전하네.
큰 다리 길고 짧게 강 위에 걸려,
나는 갈매기 보이잖아 우선은 고요해.

306. 閑居(11)

萬首詩文何事要, 然而吾欲不休描.
周邊諸處恒常變, 表現無量爲我招.

만 수의 시문이 어찌하여 필요한가,
그러나 나의 의욕 쉬지 않고 그리네.
주변의 모든 곳은 언제나 변하는데,
표현은 끝이 없이 나를 불러들이네.

307. 東京展有感

國際交流親善場, 書人何者特微揚.
極東韓日近隣友, 富士漢拏相不忘.

국제 간 교류는 친선의 마당인데,
서예인은 누구나 별난 맛을 들어올려.
극동의 한국 일본 가까운 친구라,
후지산 한라산을 서로 잊지 말지어다.

308. 閑居(13)

來往路邊亂衆人, 文化發源此處新.
傳統維持難務陟, 日常生活見精神.

오가는 길가엔 많은 이 어지럽고,
문화의 발전은 이곳에서 새롭구나.
전통의 유지는 오르기가 어려운데,
일상생활 가운데에 정신이 보이네.

309. 閑居(14)

女性四人訪問余, 全員樂藝好尤書.
詩文音樂皆專業, 名不虛傳是客如.

여성이 네 명이나 나를 찾아드는데,
모두가 예술 즐겨 글씨 더욱 좋아해.
시문과 음악 함께 모두들 전업인데,
전한 이름 그대로 이 손님과 같구나.

310. 閑居(15)

雨後快晴胸也晴, 蟬聲亂耳滿林淸.
江邊繞樹休群鳥, 寧日無終炎氣盈.

비 온 뒤 날 개이니 마음도 개이고,
매미소리 귀 어지럽게 숲 가득 맑네.
강변에 나무 두른 뭇 새들 쉬는데,
쉬는 날 끝내 없이 더운 기운 가득 차.

311. 桑原史成寫眞展

三十七年前寫眞, 淸溪川象只今新.
不知何者當時事, 幾百枚之珍貴均.

삼십 칠 년 전의 사진이라 하는데,
청계천의 모습 보니 지금은 새롭구나.
아무도 모르리라 당시의 일들인데,
기 백 장(사진) 모두가 고루 진귀하네.

* 2003. 8. 1~9. 18. 金英燮 畫廊(인사동)

312. 憶淸明

今年必是雨淸明, 來往行人有不評.
祖上幽家魂魄在, 滿車道路起相爭.

올해엔 반드시 청명절에 비 내려,
오고 가는 행인들은 불평들을 하구나.
조상이 계시는 곳 혼백이 있는데,
가득 찬 도로에서 서로 다툼 생기네.

313. 癸未七夕

七夕牽牛織女逢, 今年此日去年同.
午前細雨登烏鵲, 傳說分明現實通.

칠석에는 견우와 직녀가 만나는데,
올해의 이날도 작년과 똑 같구나.
오전에 가랑비 까막까치 올라가니,
전설은 분명하게 현실과 통하네.

314. 閑居(17)

世事紛紛每漸加, 百花落落眼前多.
一家不幸是邦政, 夢憲死亡炎節過.

세상사 분분함은 매양 점점 더하고,
백화는 떨어져 눈앞에 너절하네.
한 집에 불행 아닌 이 나라 정친데,
몽헌씨 사망에 여름철 지나가네.

315. 閑居(18)

臨江大廈宅遊居, 流水閑流興又餘.
訪問無賓喧鳥噪, 濃陰綠樹坐看書.

강에 임한 빌딩인 집에서 노는데,
한가히 흐르는 물 흥에 여유 있구나.
방문객 없는데 새 소리만 시끌해,
그늘 짙은 나무 아래 앉아서 책보네.

316. 閑居(19)

庭籬竹影訪書樓, 花送清香萬客遊.
青草亦能生氣溢, 五風十雨別無憂.

뜰의 울타리 대 그늘 서루를 찾아,
꽃 보내자 맑은 향기 많은 객 노네.
푸른 풀 역시 능히 생기가 넘치고,
날씨가 좋으니 별 걱정은 없다 하네.

317. 閑居(20)

閑暇獨居無往還, 月明同伴照孤嘆.
不知過去不要事, 白雲靜看木覓山.

한가히 혼자라 오고가는 이 없어,
밝은 달 함께 하니 외론 탄식 비추네.
모르는 과거는 필요 없는 일이라,
흰 구름 조용히 보는 남산의 모습이라.

318. 閑居(21)

水國波高雲影飛, 沙場鷗鷺洗毛衣.
海風日暮還遊艇, 朋友水邊同醉歸.

물나라 파도 높아 구름 그늘 날고,
백사장에 갈매기 백로 깃털을 고르네.
바닷바람 해지니 놀이 배 돌아와,
친구는 물가에서 같이 취해 돌아가네.

319. 閑居(22)

濯足淸川臥礫沙, 心身靜寂水無渦.
流浪或起潺聲耳, 吾不關焉萬事多.

발 씻는 맑은 물 조약돌 위에 누워,
심신이 고요하니 물마저 조용하구나.
물결이 혹시 일까 물소리 듣는데,
나는 관계없다 다른 일도 많이 있어.

320. 閑居(23)

洞里暖風花爛開, 韶光長照草靑催.
近家烏竹看何者, 唯願淸言余獨來.

동리에 따슨 바람 꽃 곱게 피는데,
봄볕이 오래 비춰 풀 푸르게 펼치네.
근가에 검은 대는 그 누구 보았나,
원하는 건 좋은 말 나 홀로 찾아왔네.

321. 閑居(24)

青煙一帶繞江村, 終日無筇眞覓源.
明月高空同伴靜, 閉門分付向余孫.

푸른 연기 한 가닥 강촌을 감는데,
왼 종일 작지 짚고 근원 찾아 나섰네.
밝은 달 높은 하늘 함께 조용한데,
문을 닫고 분부하길 내 손자 향하네.

322. 主婦클럽 墨香會

世宗新館墨香生, 主婦筆痕書寫英.
環境保全調和極, 邦家文化是如榮.

세종회관 신관에 묵향이 생겨나니,
주부클럽 붓 흔적 꽃처럼 서사했네.
환경을 보전하랴 조화를 다했으니,
이 나라 문화는 이같이 영화롭네.

* 2003. 8. 6.(세종문화회관 신관)

323. 民族書藝交流展

南北交流書寫同, 一堂掛壁燦如紅.
筆痕形象溢和氣, 民族精神藝術通.

남북이 교류하니 서사가 한가진데,
한 곳에 걸어보니 무지개같이 빛나네.
붓 흔적의 형상은 화기가 넘치는데,
민족의 정신만은 예술로서 통하구나.

324. 閑居(25)

炎風是日與江邊, 流水清流遊泳先.
世事終忙余不近, 何人如此換神仙.

더운 바람 이 날은 강가와 더불어,
맑게 흐르는 물 위엔 유영이 우선일세.
세상일이 끝내 바빠 나 역시 멀고,
누가 이와 같이 신선놀이 바꾸었겠나.

325. 閑居(26)

人跡無通歲月更, 炎天熱氣樹陰平.
蟬鳴自在白雲去, 把酒好朋誰不驚.

인적이 통하잖아 세월은 바뀌는데,
더운 열기 식히기는 나무 아래 고르네.
매미가 자재 하니 흰 구름 가는데,
술잔 잡고 좋은 벗을 누가 공경 안 해.

326. 閑居(27)

日沒西山殘亦霞, 樹林還鳥晚巢遐.
眼前近接形容有, 癡坐忽驚來往車.

서산에 해 지자 남은 건 노을뿐,
숲에 돌아오는 새는 먼 집에 늦는구나.
눈앞에 근접하니 형용은 있는데,
어리석게 앉아서 오고가는 차에 놀라네.

327.閑居(28)

窓外忽驚陋巷開, 眼中何者照姿來.
濃陰竹影聲無起, 夏日長天乾碧苔.

창 밖에 흠칫 놀랄 누항이 열리니,
눈앞에 누구든 오는 모습 비치구나.
짙은 대 그늘은 소리 없이 일어나,
여름이 긴 날이라 푸른 이끼가 하늘.

328.閑居(29)

身柄樓臺閑暇居, 濃陰臥老願遊余.
碧空遠極無何者, 不止蟬聲我心虛.

이 몸은 누대에 한가롭게 있으니,
그늘 아래 누운 노인 나는 놀고 싶네.
푸른 하늘 끝머리엔 아무도 없어,
울어대는 매미소리 내 마음 허전하네.

329. 夏季休暇(1)

夏季休暇南向行, 同期夫婦十三名.
早朝高速走圓滑, 中部地方山自明.

여름의 휴가로 남쪽으로 향했으니,
동기생 부부가 열세 명 참가했네.
이른 아침 고속도로 원활히 뚫리고,
중부지방 산 모습은 저절로 밝네.

330. 夏季休暇(2)

野山雲起寫眞圖, 天地煙雨姿態娛.
左右自然當妙景, 暫時過眼感懷模.

야산에 구름 이니 그림 같은 사진,
천지에 이내 비는 그 자태 즐겁다.
좌우에 자연은 당연히 묘한 경치,
지나가며 잠시 보니 본보기 느끼네.

331. 夏季休暇(3)

眞綠野山展眼前, 浩然之氣自然連.
雲騰治雨循環裏, 諸者同時歡喜筵.

진짜 녹색 야산이 눈앞에 펼쳐지니,
호연지기 그것이 자연과 이어지네.
구름 떠 비 내리는 순환의 속에서,
모든 사람 동시에 기뻐하는 자릴세.

332. 夏季休暇(4)

統營南海水都明, 煙雨山河天地更.
多島多人常不變, 展開樣相內心驚.

통영과 남해는 물의 도시 분명하고,
비 덮이니 산하는 천지가 바뀌네.
섬 많고 사람 많아 언제나 한 가지,
전개되는 모양새 내심으로 놀랐네.

333. 夏季休暇(5)

海上觀光遊覽船, 統營地域四方連.
奇巖每勿一周視, 國立公園誇示先.

바다 위 관광하는 유람선을 타고,
통영지역 근처는 사방이 이어졌네.
기암의 매물도 한 바퀴 돌아보니,
국립공원 자랑이 무엇보다 먼절세.

334. 夏季休暇(6)

龍巳戰爭幾萬傷, 無痕人傑自然揚.
有名海域閑山島, 歷史現場制勝堂.

임진 계사 전쟁에 얼마나 다쳤나,
흔적 없는 인걸들 자연히 높이네.
해전으로 유명한 한산도 지역에,
역사의 현장인 제승당이 자리하네.

335. 夏季休暇(7)

今至造成記念求, 景忠門前拜人留.
壬辰倭敵勝初戰, 山頂觀通玉浦樓.

지금에야 조성하여 기념을 한다니,
경충문 앞에는 절하는 사람 머무네.
임진년에 왜적들을 초전에 이기고,
산정에서 바로 보는 옥포루 서있네.

336. 夏季休暇(8)

大宇造船親切顔, 綠陰環境工場關.
前方山上忠魂塔, 右竹左松玉浦灣.

대우조선 회사의 친절한 얼굴들이,
녹음의 환경에서 공장을 막아서네.
앞쪽의 산 위엔 충혼탑을 세웠고,
우측 대밭 좌측 솔밭 옥포만이로다.

337. 夏季休暇(9)

護國精神焱火如, 地形地物適當舒.
大量殺傷可能戰, 玉浦倭軍全滅書.

나라 위한 정신은 불타는 듯하고,
지형과 지물은 적당하게 펼쳐졌네.
대량으로 죽이는 가능한 전쟁이라,
옥포의 왜군들 전멸했다 적혀있네.

338. 夏季休暇(10)

炎天巨濟枉臨多, 捕虜收容痕迹何.
來客恒時長蛇陳, 山川依舊現場歌.

더운 날 거제에 찾아온 사람 많아,
포로를 수용하는 흔적은 무언가.
내객은 언제나 장사진을 이루는데,
산천은 그대론데 현장은 노래들려.

339. 夏季休暇(11)

大宇自誇起重機, 規模世界最高威.
塗裝工事要三億, 附屬運搬數十圍.

대우조선 자랑하는 기중기가 있어,
규모는 세계에서 최고라 으르네.
도장공사 하는 데만 삼억이 소요,
부속으로 운반기는 수십이 있네.

340. 夏季休暇(12)

南域水都數處徊, 人心厚德亦無埃.
自然淸淨一三島, 連陸長橋往復哉.

남쪽의 물 도시 몇 곳을 돌았지만,
인심은 후덕하고 먼지 또한 없네.
자연히 깨끗한 섬들은 여럿 있어,
육지 이은 긴 다리 오가고 하구나.

341. 閑居(30)

事物本來不盡來, 暫時未見又還回.
去纔以後必然有, 我問於君在徘徊.

사물은 본래부터 끝없이 오는거라,
잠시 안 보이면 또 다시 돌아와.
겨우 떠난 이후에도 반드시 있어,
그대에게 내 물으니 어정대고 있네.

342. 閑居(31)

世事紛紛皆不形, 如流洗後變分明.
可觀是許生何處, 有史以來反復橫.

세상사 분분하니 모두가 분명찮아,
흐르듯 씻은 후에도 분명히 변하네.
옳다고 하는 것은 어디서 생기나,
역사가 있은 후에 반복으로 다했네.

343. 閑居(32)

月影潭中陋廈淸, 我居一室是尤明.
其間眞實必香播, 儒佛督仙相不爭.

달 그늘 못에는 더러운 빌딩 깨끗해,
내가 사는 이 방도 더더욱 밝고야.
그 안에 진실은 향기 되어 퍼지는데,
유교불교 기독선교 서로가 안 다퉈.

344. 閑居(33)

終始人情不足中, 靑天白日起微風.
西岑陽暮有緣故, 月出陰時北斗崇.

언제나 인정은 부족함에 있는데,
푸른 하늘 밝은 태양 미풍이 일어나네.
서산에 해 지는 까닭이 있음인데,
달 오르는 밤이 되면 북두를 숭앙하네.

345. 鄭夢憲會長 自殺遺憾

森羅幽靜夜深時, 夢憲會長死不知.
現代問題全部抱, 前途無視忽然離.

세상이 고요하게 잠든 깊은 밤중에,
몽헌 회장 죽은 줄 그 누구도 몰랐네.
현대의 문제를 한꺼번에 쓸어안고,
앞길은 무시한 채 홀연히 떠나갔네.

346. 過大邱

旅行心裏何人同, 移動時間堪耐中.
相異理由一方向, 灰天末伏我心豊.

여행하는 마음은 누구나 한가진데,
이동하는 시간은 참고 있는 중이라네.
서로 다른 이유라도 같은 방향이라,
흐린 날 말복인데 내 마음 풍성하네.

347. 過大田

晚夏陽光高碧天, 蟬聲到處不休連.
濃陰白帝感何者, 季節循環常我邊.

늦여름 햇볕은 푸른 하늘에 높고,
매미소리 도처에 쉬지 않고 이어지네.
짙은 그늘 가을 신은 누구나 느껴,
계절은 도는 것이 언제나 내 곁일세.

348. 立秋以後

立秋以後碧天高, 江岸靑堤閑黑羔.
一點白雲片舟似, 老蟬樹影不休號.

입추에 들어서니 푸른 하늘 높은데,
강안의 푸른 둑에 검은 염소 한가해.
한 점 흰 구름은 배를 닮은 것이나,
늙은 매미 쉬지 않고 끝내 부르짖네.

349. 腐敗官僚

實勢恒時錢有關, 庶民政府面通斑.
隙間腐蝕紀綱病, 歷史污名不仰顔.

실세는 언제나 돈과 관련 있는데,
서민정부 표방에 체면은 얼룩졌네.
틈새가 부식하면 기강에 병들고,
역사에 오명이라 쳐다볼 수 없구나.

350. 頌吳玉鎭先生古稀

刻字人生箏自成, 古稀老匠健康明.
邦家內外盛名振, 無二鐵齋永遠榮.

각자로 산 인생 자성하여 더 높고,
고희 맞은 노장 건강은 분명하네.
나라의 안팎에 그 이름을 떨쳐대니,
둘도 없는 철재! 영원한 꽃일세.

351. 2003U大會(1)

世界靑年含集天, 各邦選手八千緣.
平和祝祭達邱伐, 史上最多參席筵.

세계의 청년들 한 자리에 모인 날,
각 나라 선수들 팔천 명 인연이라.
평화의 축제가 대구에서 열렸는데,
역사상 가장 많이 참석한 자리일세.

352. 閑居(37)

浮世虛名當不要, 山中閑暇味孤寥.
風流有發其間有, 一朶野花遊處招.

뜬세상 허명은 당연히 필요 없어,
산중에 한가하니 고요함도 맛일세.
풍류를 유발함은 그 안에 있으니,
한 송이 들꽃이 놀이터로 부르구나.

353. 閑居(38)

江水靑堤一色看, 白鷗天上散飛安.
片舟釣士無限睡, 楊柳濃陰休憩難.

강물은 푸른 둑과 한 색을 이루고,
갈매기 하늘에 흩어 날며 편안해.
쪽 배에 낚시꾼 한없이 졸고 있어,
버들의 짙은 그늘 쉬기도 어렵네.

354. 閑居(39)

靑瓦朱欄翠洞天, 桃花流水一溪連.
只今浮世荒唐說, 諸事騷人良事傳.

푸른 기와 붉은 난간 선계는 푸른데,
도화가 흐른 물에 한 개울 가득.
지금이 뜬세상이라 황당한 말이지만,
모든 일 시인은 좋은 일 전하세.

355. 閑居(40)

浮世役役覆紅塵, 白頭變貌不知身.
安康禍福從心裏, 今昔僞名成幾人.

뜬세상 하는 일들 홍진으로 덮여,
흰머리 변한 모습 스스로도 몰랐네.
편안 건강 재화 복 마음에 따르니,
고금에 거짓 이름 몇이나 이뤘나.

356. 閑居(41)

家前江岸霧煙濃, 入室野光賓不逢.
洋柳微風搖大葉, 唯吾獨樂不知溶.

집앞의 강둑에는 안개가 짙은데,
방에 드는 들 빛을 손님은 못 만나네.
플라타너스 미풍에 큰 잎 흔들고,
오직 나만 홀로 즐겨 성한 걸 모르네.

357. 閑居(42)

太平姿勢自遊舟, 流水茫茫何處流.
知有江邊家近在, 夕陽從他赤霞浮.

태평스런 자세로 배타고 노니는데,
흐르는 물 저 멀리 어디로 흐르나.
아는 것은 강변에 집 있음뿐인데,
석양도 그를 따라 노을만 붉게 떴네.

358. 閑居(43)

日暮西山細路微, 松間淸氣我前飛.
雲林渡卽鐘聲遠, 溪水潺流雙鳥歸.

해지는 서산에 오솔길은 희미한데,
솔 사이 맑은 기운 내 앞에 나네.
구름숲을 건너니 종소리 멀어지고,
개울 물 졸졸 흐르니 새들 돌아와.

359. 漢江(10)

億年㴑水不言流, 太白發源西海收.
兩岸青堤知事實, 無情歲月去無休.

억 년의 한강은 말없이 흐르니,
태백에서 일어나 서해에서 거두네.
양쪽에 푸른 둑은 사실을 아는데,
무정한 세월은 쉬지 않고 가구나.

360. 漢江(11)

白鷗水上弄雙雙, 閑暇清流曰漢江.
歷史浮沈無數有, 早還小鳥視余窓.

갈매기 물 위에 쌍쌍으로 노닐고,
한가히 흘러서 한강이라 말하던가.
역사에 뜨고 지는 수많은 일들이,
일찍 온 작은 새 내 창문을 보구나.

361. 2003U大會大邱(2)

大邱大會現場觀, 絢爛舞臺彷髴看.
應援動員多美女, 市民全體一心團.

대구의 대회를 현장에서 보았더니,
현란한 무대의 멋진 것을 보았네.
응원으로 동원된 모두가 미인이니,
시민 전체가 한 마음으로 뭉쳤구나.

362. 閑居(46)

近來都市人心惡, 閑寂僻村間或良.
山麓瓦家三四在, 相違何者盡無忙.

근래에 도시의 인심은 나빠지니,
한적한 벽촌이 어쩌다가 좋구나.
산 아래 기와집 서너 채 있는데,
서로 달라 누구든 바빠서 다 못해.

363. 閑居(52)

微雨暫時近者天, 殘炎熱氣老蟬先.
樹陰閑暇樂談笑, 夏日蒼空雲片連.

가랑비 잠시 내린 근자의 날씨라,
늦더위 열기는 매미가 우선일세.
나무그늘 한가해 담소로 즐기는데,
여름 날 창공에 조각구름 잇네.

364. 閑居(53)

天涯鴻雁展秋聲, 籬下菊花黃色明.
十里水村閑暇靜, 草根蟲響太平鳴.

하늘 끝 기러기 가을소리 펼치니,
울 아래 국화는 노란색 분명하다.
십리의 수촌은 한가해 조용하고,
풀뿌리에 벌레소리 태평스레 우네.

365. 閑居(54)

天極南山尖塔中, 觀光遊客集雲同.
忽然燕子一雙舞, 千古碧空不盡逢.

하늘 끝의 남산에 뾰죽 탑 속에는,
관광하는 유객이 구름처럼 모였네.
홀연히 제비 한 쌍 춤추며 도는데,
천고의 푸른 하늘 한 없이 만나네.

366. 釣事

把竿盡日坐江邊, 濯足水波展一筵.
夢裏與鷗遊萬里, 夕陽不變此身眠.

장대 잡고 왼 종일 강가에 앉아서,
발 담근 물결에 한 자리를 펼치네.
꿈속에서 갈매기와 어디든 노는데,
석양은 변함없어 이 몸은 조느니.

367. 限界里九龍洞天回顧

麟蹄幽處茂松林, 天極浮雲與士心.
自古人情從性品, 已過依事好詩吟.

인제의 선경에 솔숲은 무성한데,
하늘 닿은 뜬구름 선비마음 더불어.
예부터 인정은 성품을 따른다니,
이미 지난 일로 인해 좋은 시 읊어.

368. 釜山出張

早朝極甚降涷時, 大廈出門誰不思.
前後分間眞難堪, 交通便利自然知.

이른 아침 심하게 소나기가 내리니,
빌딩 나서기를 누구나 생각 못해.
앞뒤 분간 어려워 참으로 난감한데,
교통이 편리함을 자연스레 알았네.

369. 晉陽湖畔大飯店

晉陽湖畔起淸風, 水面舊堤明鏡同.
彼岸遠看村落有, 殘蟬不斷聽鳴豊.

진양호수 가에서 청풍이 일어나니,
수면의 옛 둑은 거울처럼 맑구나.
저 언덕에 멀리 보인 촌락이 있어,
매미는 끊임없이 우는 소리 들려.

370. 晩夏涷雨

火星近接自然看, 六萬餘年初感嘆.
晩夏涷雲遮視界, 市民大槪怨天端.

화성에 근접함은 자연이 보여주고,
육 만 여 년에 처음 느낀 감탄사.
늦여름 소나기구름 시계를 가리니,
시민들 대개는 하늘 끝을 원망해.

371. 晚夏卽事(1)

江岸柳陰水鳥遊, 鳳凰不着碧梧愁.
黃稻收穫農夫喜, 西海不知水影流.

강안에 버들그늘 물새가 노니는데,
봉황새 안 오니 벽오동 근심하네.
익은 벼 거두니 농부들은 기뻐하고,
서해를 모르는 물그림자 흐르네.

372. 晚夏卽事(2)

故鄕舊友一筳遊, 不忘少年樂回頭.
皆翁變貌深顔皺, 雷聲霹靂映江流.

고향의 옛 친구 한 자리에 노는데,
못 잊을 소년시절 생각에 즐겁네.
모두가 할배로 얼굴주름 깊어지니,
뇌성과 벽력은 강 흐름에 비치네.

373. 晩夏卽事(4)

日沒月登理致從, 田園細草小蟲逢.
殘炎降雨遲未熟, 江水西流碧波重.

해 지자 달 오르는 이치를 따라서,
전원에 작은 풀 작은 벌레 만나네.
늦더위 비 내려 생각이 늦어지고,
강물은 서쪽으로 푸른 파도 겹치네.

374. 晩夏卽事(6)

案上讀書文客歌, 西山日沒盡霞多.
天涯半月故人貌, 秋季考春詩詠何.

책상에 글 읽자 글손이 노래하고,
서산에 해 지니 노을이 많이 끼네.
하늘 끝 반달은 고인의 모습인데,
가을에 봄 생각해 무슨 시를 읊겠나.

375. 晚夏卽事(7)

山光煙雨寫靑波, 風靜野田靜碧荷.
千里江村流柳影, 四時佳興語如何.

산 빛에 이내 비가 푸른 물결 그려,
바람 고요 들판에 푸른 연 고요해.
천리의 강 마을엔 버들그늘 흐르니,
사계절 좋은 흥은 어떠한 말인가.

376. 晏海林書法展所感

書法根源形象看, 客鄕揮灑立毫端.
筆痕多樣生五體, 本質收容藝術觀.

서법의 근원이 형상으로 보이는데,
객향의 휘쇄는 붓끝을 세웠구나.
필흔의 다양함은 오체를 이루었고,
본질의 소용에서 예술을 보는구나.

* 客鄕=얀하이린 교수의 雅號

377. 晚夏涷雨(1)

幾点暗雲江岸從, 滿天盡日十分重.
瞬間變化降霖雨, 山野肇秋豊得農.

몇 점의 검은 구름 강안에 끼어서,
하늘 가득 왼 종일 충분히 거듭하네
순간의 변화로 소나기가 내릴 듯,
산야의 이른 가을 농사 풍족 얻었구나.

378. 漢江(11)

柳絲滿樓影垂門, 青綠濃陰不視村.
吹笛長堤過舊語, 漢江煙雨染黃昏.

버들가지 누에 가득 그림자 드리워,
푸른 빛 그늘은 시골에 안 보이네.
강둑에 피리소리 옛 말에 지나지만,
한강의 이내는 황혼으로 물들이네.

379. 晚夏涷雨(2)

晚夏草堤路不通, 何人洌水濁流同.
往來每日送炎氣, 自在南山高塔中.

늦여름 풀 둑에 길은 통하지 않고,
누구든 한강은 탁류라고 생각하네.
매일같이 오고가는 더위를 보냄은,
홀로 선 남산 위 높은 탑 속이라네.

380. 於淸潭洞

北岳浮雲片片橫, 樹林巖色又新淸.
臥看木覓三更月, 遐憶江南千里情.

북악에 뜬구름 조각조각 가로 놓여,
나무와 바위 색 또한 맑고 새롭네.
누워 보는 남산 위 삼경의 달빛을,
먼 추억 강남의 천리 되는 정이라네.

381. 閑居(56)

世間忙事閑暇身, 庭内薔薇滿發伸.
浸染淸香忘却我, 白頭月下作詩親.

세간은 바쁘지만 이 몸은 한가해,
뜰 안에 장미는 만발하여 뻗었구나.
스며드는 맑은 향기 나는 잊었나,
흰머리에 달빛은 시 짓느라 친하네.

382. 書

筆墨精神在筆端, 揮毫生命字間殘.
構成寫意同時現, 逸士手痕形象冠.

필묵의 정신이란 붓끝에 있는데,
휘호의 생명으로 자간에 남아있네.
구성과 사의는 동시에 나타나니,
숨은 선비 솜씨는 모양이 최고라네.

383. 無題(2)

輕裝覆帽暫時幽, 古刹依然五載遊.
盡日徘徊陽已沒, 回頭窓架濕鄕愁.

가볍게 모자 쓰고 잠시 숨어들어,
옛 절에 의연히 오 년 만에 놀았네.
왼 종일 배회하니 해는 이미 지고,
고개 돌린 창가에 향수로 젖어있네.

384. 閑居(59)

晚秋籬下笑黃花, 重取無言日已斜.
爲就乾杯壺裏酒, 佳辰好送彼余遐.

늦가을 울타리 노란 꽃이 피어,
많이 가져도 말 없어 해 이미 기우네.
병 속에 술을 잔으로 비우려다,
좋게 해서 보내련다 내가 먼 그대에게.

385. 閑居(60)

何如窓架獨深愁, 枯葉梧桐落葉秋.
夢裏相逢今夜裏, 水晶簾動氣閑流.

어이해 창가에 홀로 깊은 시름인고,
오동잎 말라서 낙엽 지는 가을에.
꿈에라도 오늘밤엔 서로가 만나서,
수정 발 움직이니 한가한 기 흘러.

386. 閑居(61)

窓外遊禽驚晝眠, 白梅微雨濕浮煙.
濃陰樹下讀時節, 世事貢獻何者傳.

창밖에 새 놀아 낮잠에서 놀라고,
매화 같은 가랑비 습기에 연기 뜨네.
짙은 그늘 나무 아래 책 읽는 때에,
세상사에 공헌을 누구에게 전할거나.

387. 閑居(62)

是日城中百萬家, 何人不問笑如花.
有情千里歌謠有, 街路相爭乘用車.

이렇게 성안에 백만 가족 살면서,
누구든 불문하고 꽃처럼 웃고 있네.
유정이 천리라고 노래에도 있는데,
길가에서 서로 다툰 승용차 있네.

388. 閑居(63)

松花飛落茂松林, 春澗流聲幽谷深.
巖石客來酒場展, 仙人舊語欲詩吟.

송화가 떨어지는 무성한 솔밭에,
봄 산골에 흐르는 물 골짜기 깊구나.
바위를 찾는 손님 술판을 벌이니,
신선이 하던 말 시를 읊고 싶다 하네.

389. 閑居(65)

人情無翼變恒時, 世事牛毛新日知.
已逝吾師天上榻, 靜看東海碧波推.

인정은 안 도우면 언제라도 변하니,
세상일 쇠털 같아 새로움도 알겠지.
이미 가신 나의 스승 하늘에 계셔,
가만히 보니 동해도 푸른 파도 미네.

390. 閑居(66)

故國山河半萬年, 蒼空雲抱地神仙.
興亡重起原因有, 已往前途又戒今.

고국의 산하가 반만년이라 하니,
창공은 구름 안고 땅에는 신선 있네.
흥망이 거듭 일어 원인이 있으니,
이미 가는 앞길은 이에 경계하소서.

391. 閑居(67)

西北東南街路分, 殘炎降雨往來群.
形形色色歸家衆, 江岸青煙流水魂.

동서남북으로 나뉘어진 거리에는,
늦더위에 비 오니 오고 가는 무리들.
여러 가지 모양새로 집에 가는데,
강둑에 푸른 이내 흐르는 물의 혼령.

392. 閑居(68)

海東文筆大成誰, 李氏家源月灘爲.
秀麗山河今不變, 何人其後不知稀.

해동의 문필가로 누가 대성했나,
이씨 가원 선생 월탄이라 인정했네.
수려한 산하는 변함없이 그대로,
누구든 그 뒤로 드물어서 모르네.

* 月灘=朴鐘和

393. 閑居(69)

梁山澗石淸流水, 余慾故朋此處來.
忙拙只今不知在, 吟詩必是白雲回.

양산의 산골에는 맑은 물 흐르니,
내 욕심 옛 친구 이 곳에 왔으면.
바쁘고 서툴러 있는 곳을 모르나,
시 읊으면 반드시 흰 구름 돌아와.

394. 汝矣島有感

汝矣斜陽荒野圖, 學生蹶起不通區.
空途警察塞完璧, 無識黎民是厭都.

여의도에 해 비껴 존스러운 그림,
학생들 궐기하니 통할 수가 없네.
빈 길을 경찰은 완벽하게 막았고,
모르는 백성들 이를 모두 싫어해.

395. 閑居(73)

簾影然然轉太陽, 草香連續我身忙.
夢中未起枕床在, 秋葉雨聲歸本鄕.

주렴은 그러한데 태양은 비껴나고,
풀 향기 이어지니 내 몸도 바쁘네.
꿈자리에 들어있어 일어나지 못해,
가을 입 빗소리에 고향으로 돌아가.

396. 閑居(78)

三間茅屋獨閑居, 明月淸風萬事除.
來往無人山鳥語, 濃陰樹下樂詩書.

삼간의 초가에 한가히 홀로 앉아,
밝은 달 맑은 바람 만사를 다 지우네.
오가는 사람 없어 산새만 우는데,
짙은 그늘 나무 아래 시서로 즐기더라.

397. 閑居(81)

疊山萬曲靑山裏, 國土中間流洛東.
樹葉恒常淸白露, 無風松靜趣無窮.

산 첩첩 굽이굽이 푸른 산 속에,
국토의 중간에서 낙동강은 흘러가네.
나뭇잎은 언제나 이슬이 맑은데,
바람 없어 솔은 조용 끝없는 멋이라.

398. 漢江(12)

漢江千里自閑流, 萬曲根源太白由.
秋水雁鴻今未着, 誰知山上白雲浮.

한강은 천리라도 스스로 흐르는데,
온 굽이 근원은 태백에서 말미암네.
가을 물 기러기 아직은 오지 않아,
뉘 알랴 산 위에는 흰 구름 뜬 것을.

399. 閑居(87)

晚夏臨亭秋未來, 騷人安坐眼球徊.
連天流水流無盡, 不遠北方鴻雁回.

늦여름에 정자 드니 가을은 아직인데,
시인은 앉은 채로 눈망울 굴리네.
하늘 이은 흐르는 물 끝없이 흐르는데,
머잖아 북쪽에서 기러기 오겠지.

400. 漢江(15)

千里江風都市回, 水流遊客片舟徊.
未歸鴻雁落何處, 秋色便乘絶景開.

천리의 강바람은 도시에 돌아들고,
유수에 놀이꾼은 조각배로 돌아드네.
오지 않는 기러기 어디에 앉을까,
가을색 편승하여 좋은 경이 열리구나.

401. 閑居(88)

八月西風未稻黃, 樹林茂葉不來霜.
騷人飮酒胸襟示, 興趣當然擧一觴.

팔월의 서녘바람 벼는 아직 덜 익고,
수풀이 무성하니 서리는 오지 않네.
시인은 술 마시며 흉금을 보이는데,
흥취는 당연하게 술잔을 올려드네.

402. 地下鐵所感

地下人工通路成, 大都來往一層明.
市民便利常利用, 電鐵增加富國聲.

지하에 인공으로 통로를 만들어서,
큰 도시 오가기가 더 한층 밝아졌네.
시민들은 편리하게 언제나 이용하고,
전철이 증가함은 부국의 소리로다.

403. 憶無垢山房

無垢山房無二天, 清流幽谷在神仙.
高峰熊石屛風繞, 朝夕煙霞別徑連.

무구산방 그곳은 하늘 아래 둘도 없어,
맑게 흐른 유곡엔 신선이 사는가.
높은 봉 웅석을 병풍으로 두르고,
조석으로 연하는 다른 길로 이어지네.

404. 墨禪筆墨場

弄筆平生依筆場, 江南遊客遂繁昌.
墨禪書藝甚多樣, 傳統崇仰旗幟揚.

붓놀이로 한 평생 붓에 기댄 곳에서,
강남의 유객도 드디어 번창하네.
묵선 선생 서예는 참으로 다양하니,
전통을 숭앙하는 기치를 쳐들었네.

405. 閑居(89)

汝矣徘徊患亂看, 主張相異鬪爭團.
學生警察長攻防, 對策腐心惟不安.

여의도를 배회하니 환란만 보이고,
주장이 서로 달라 투쟁하러 모이네.
학생과 경찰들의 공방은 길어지고,
대책에 부심하니 불안만 벌려놓네.

406. 筆墨之多樣性展所感

書藝造形脫內容, 時宜適切筆端從.
構成樣式串今昔, 文字遊戲如此逢.

서예의 조형은 내용을 벗어나고,
시의에 적절하게 붓끝으로 따라가네.
구성과 양식은 예나 지금 익히니,
문자의 유희를 이렇게도 만나지네.

407. 閑居(90)

西山日沒鳥當煩, 洌水不休黃海吞.
世俗人間爭利己, 浮雲歲月動乾坤.

서산에 해가 지니 새들은 바빠지고,
한강은 쉬지 않고 황해가 삼키네.
세속의 인간들은 이기로 다투는데,
뜬 구름 세월은 천지에 움직이네.

408. 閑居(91)

高空明月暗宵開, 葉茂靑山禽獸來.
時代相違思考異, 何人不問作爲徊.

높은 하늘 밝은 달은 어둔 밤 여는데,
잎 무성한 청산에 새짐승 나오네.
시대가 서로 달라 생각도 같지 않고,
누구든 불문하고 작위로 배회하네.

409. 閑居(95)

荷花細雨竹宜風, 淵外淸凉一席中.
不問是非余向問, 必然悲喜孰存同.

연꽃에 가랑비 대는 으레 바람 쐬고,
못 가에 시원함 한 자리에 있구나.
시비를 묻지 않고 나를 향해 물으니,
반드시 기쁨 슬픔 누구나 함께하네.

410. 憶鏡浦臺

東海江陵鏡浦臺, 水晶湖水月明開.
片雲閑去炎長夏, 淸氣波濤巖上來.

동해안의 강릉에 경포대가 있는데,
수정 같은 호수에 밝은 달이 여는구나.
조각구름 한가하고 긴 여름 더운데,
맑은 기운 파도가 바위 위에 밀려오네.

411. 閑居(98)

雨後秋光親近生, 野田禾熟不相爭.
天高爽快心裏富, 藝術人生將次明.

비 온 뒤 가을빛 가까이에 생겨나고,
들판에 익은 벼는 서로가 다투잖네.
하늘 높아 상쾌하니 마음 여유롭고,
예술인생 앞으로 분명하게 밝아지네.

412. 閑居(99)

書畵批評形態生, 文章判斷內容明.
根源未盡是非起, 今日此言向上聲.

서화를 비평하니 모양이 생기는데,
문장의 판단은 내용에서 분명하네.
근원이 미진하니 시비가 일어나니,
오늘의 이 말은 향상 위한 소리라.

413. 內藏山(3)

澗流幽谷內藏山, 如火秋楓自慢頑.
高遠神仙時下雪, 九峰秘境暫時閑.

계곡물 흐르는 곳 그윽한 내장산은,
불 같은 가을 단풍 무디게 자랑하네.
멀고 높은 신선이 때로는 눈이 되니,
아홉 봉의 비경들이 잠시 한가롭네.

414. 閑居(100)

今秋氣象異常時, 乍雨乍晴禾熟遲.
季節循環天理順, 農民苦痛問題宜.

금년 가을 기상은 이상한 때인지라,
잠시 비 잠시 개어 벼 익기 더디 하네.
계절의 순환은 하늘이치 따르는데,
농민들의 고통은 마땅하게 문제로다.

415. 閑居(101)

世事險難季節遭, 人生歷徑已過濤.
西川波起片舟去, 東嶽月登星座高.

세상사 험난한데 계절을 만나니,
인생의 지난 길은 이미 지난 파도로다.
서쪽 내에 물결 일어 쪽배는 가는데,
동쪽 산에 달 오르니 별자리 높구나.

416. 閑居(102)

轟音振動往還車, 晝夜無休殘務餘.
何事奔忙余不問, 水流如此自然虛.

굉음을 진동하며 오고가는 차들은,
밤낮으로 쉬지 않고 잔무도 남았는가.
무슨 일로 바쁜지 나는 묻지 않지만,
물 흐르듯 이같이 자연히 비어지네.

417. 閑居(103)

山寺樹林水盡處, 無名群鳥與徘徊.
古今不問同興趣, 探勝騷人終日廻.

산사의 숲 속에 물이 다한 곳에서,
이름 없는 새들과 더불어 배회하네.
고금을 불문하고 흥취는 한 가진데,
경치 찾아 시인은 왼종일 돌아보네.

418. 淸心書會展

淸心書會四回來, 二十三人筆舞催.
篆隸楷行幷寫畵, 國文外語讚辭培.

청심서회 전시가 네 번째 되었는데,
스물세 명 붓으로 춤판이 펼쳐졌네.
전서 예서 해서 행서 그림도 아울러,
국문과 외국어에 찬사도 배가하네.

419. 漢江(17)

閑流洌水不休流, 世事淸波炎共投.
地湧天來從理致, 南山廻繞飛白鷗.

한가히 한강은 쉬지 않고 흐르는데,
세상사 맑은 물결 더위 함께 보내네.
땅에 솟고 하늘로 오는 이치를 따라,
남산을 감아도는 갈매기 나는구나.

420. 漢江(18)

江霧如然流水閑, 松姿聳態在南山.
飛來鴻雁共情緖, 億載都城歲月斑.

강안개 그렇게도 한가히 흐르는데,
소나무의 솟은 모습 남산에 있구나.
날아온 기러기는 정서를 함께하고,
억년의 도성은 세월 속에 얼룩지네.

421. 閑居(104)

黃菊籬下弄白頭, 如流歲月共余流.
昔人今我異何者, 案上堆書不塞愁.

노란국화 울타리에 흰머리 희롱하고,
흐르는 세월은 나와 함께 흐르네.
옛 사람과 지금 내가 어디가 다른지,
책상 위 쌓인 글도 근심을 못 막네.

422. 漢江(19)

學海無涯生有涯, 因緣何處結誰之.
漢江萬曲山如畵, 流水片舟是似詩.

배움 바다 끝없는데 인생은 끝이 있어,
인연은 어디에서 누구랑 맺어지나.
한강의 일만 굽이 산도 그림 같은데,
흐르는 물 쪽배는 이 바로 시를 닮아.

423. 漢江(21)

漢江垂柳青堤拂, 細枝長絲水上浮.
數種魚群橋下泳, 奔忙車輛往還流.

한강에 드리운 버들 푸른 둑에 흔들고,
가는 가지 긴 가지 물 위에 떠있네.
수많은 고기들은 다리 아래 헤엄치고,
분망한 차량들은 흐르듯이 오가네.

424. 墨禪先生

毫端伴侶一生過, 遊處擴張來客多.
藝術展開嚴格燦, 墨禪書伯筆痕娥.

붓끝을 반려삼고 일생을 보냈는데,
노니는 곳 넓혔더니 손님들이 많구나.
예술을 펼쳐내니 엄격하게 빛나고,
묵선 서백 필흔은 그렇게도 아름답네.

425. 閑居(106)

碑刻筆痕有昔多, 塵侵剝落變移他.
指頭成事千年魄, 哀惜心情對策何.

비에 새긴 필흔은 옛날에 많았는데,
먼지에 뭉개져 다른 걸로 바뀌었네.
손끝에서 일어난 일천년의 혼인데,
애석한 심정을 무엇으로 대체하나.

426. 閑居(107)

明月空山秋色流, 多難世事世間留.
政治經濟在何處, 百姓怨聲天上浮.

밝은 달은 공산에 가을색이 흐르고,
어려운 세상일도 세상 안에 머물렀네.
정치와 경제는 어디에서 존재하나,
백성들의 원성은 하늘 위로 흘러가네.

427. 閑居(108)

東西南北好朋多, 交信暫增有變何.
浮世無心營富貴, 愛隣憂國太平歌.

이쪽저쪽 어디나 좋은 친구 많은데,
믿음이 점증하니 무엇이 변하겠나.
뜬세상 무심하게 부귀만 경영하면,
이웃사랑 나라 근심 태평가 부르자.

428. 憶家兄(1)

家兄忌祭七周年, 遺族居然無事全.
一女外孫生育務, 靜中落淚是血緣.

가형의 기제사가 칠 주년이 되었나,
유족은 탈 없이 온전하게 무사하네.
딸 하나 외손들 키우느라 애쓰고,
조용하게 눈물나니 이것이 혈연인가.

429. 漢江(23)

江風推棹水閑流, 兩岸垂柳枝亂秋.
來往人情離別苦, 日暮西山沈我愁.

강바람 노를 미나 물은 한가히 흘러,
양 둑에 드리운 버들가지에서 가을 느껴.
오가는 인정에 이별하기도 괴로운데,
해지는 서산에 내 근심도 잠겨드네.

430. 憶恩師

半生崇仰逝淵翁, 身去精神不變通.
是夜夢中收誨語, 起床明月滿空從.

반생을 숭앙하던 연옹께서 서거하니,
몸은 가도 정신은 변함없이 통하네.
이 밤중에 꿈속에도 가르침 정리하니,
일어나니 밝은 달도 넉넉히 따르네.

431. 漢江(24)

前面閑流一帶江, 誰知絶景是無雙.
生涯如此足眞樂, 野老詩心返照窓.

앞에선 한가롭게 한 줄기 강 흐르고,
뉘 알랴 이 절경 둘도 없는 이것을.
생애가 이러하니 진실로 만족한데,
늙은이의 시심이라 창가에 반사되네.

432. 憶家兄(2)

地下換乘二次來, 家兄忌日電車徊.
七年歲月過如矢, 落淚於焉不淚哉.

지하철 바꿔 타기 두 번 하고 왔는데,
가형의 기일에 전차 타고 배회했네.
칠년의 세월이 화살처럼 지나가니,
눈물도 어언간에 흐르지 않는구나.

433. 閑居(112)

鶴去靑山松滿山, 仙居幽谷白雲閑.
肇秋巖嶂也風靜, 何者與遊明月還.

학이 간 청산에 소나무가 가득한데,
신선 살던 유곡에 흰 구름 한가롭네.
이른 가을 바위산엔 바람도 고요한데,
누구와 놀려고 밝은 달 돌아왔나.

434. 名畫所感

名文名筆舊時多, 明代畫家陳子和.
筆致新鮮生氣韻, 只今不變尙傳峨.

명문에 명필들은 옛날에 많았는데,
명대의 화가로서 진즈훠가 있었네.
필치는 신선하고 생기는 운치 있어,
지금도 변함없이 위엄을 전하구나.

Ⅳ. 七言律詩

1. 春日所懷(2)

東風來到又聽鵑, 山麓繞霞是亦緣.
天上神仙靑帝化, 眼前文客白雲牽.
碧松明月生名畵, 翠竹虹橋自影鮮.
浮世人間流水託, 花香永日展詩筵.

봄바람 불어오니 두견울음 또 들리고,
산 두른 노을은 이 역시 인연일세.
하늘 위 신선이 봄 신으로 화했는가,
눈앞에 문객은 흰 구름을 일으키네.
푸른 솔 밝은 달은 명화를 낳게 하고,
푸른 대 무지개 제 그림자 곱구나.
뜬세상 인간들 흐른 물에 내맡기고,
꽃향기가 긴 날은 시연을 펼치네.

2. 春日偶吟(1)

青山不變古今同, 雨性恒常當底通.
水面煙波無影月, 四方綠樹有微風.
加年歲歲難加學, 送載時時未送功.
窓外花開呼酒席, 吟詩勸酌夕陽逢.

청산은 변함없이 예나 지금 같은데,
비의 성품 언제나 아래로만 통하네.
물 위의 연파에는 달 그림자 없는데,
사방에 푸른 나무 미풍에 흔들리네.
매년 나이 더하지만 배움은 어렵고,
해 보내는 때때로 보낼 공이 없구나.
창 밖에 꽃 피니 술자리를 부르는데,
시 읊고 술 권하니 석양을 만나네.

3. 癸未春分(2)

梅香滿室柳搖絲, 癸未春分晴日時.
燕子尚今無影舞, 杜鵑消息必然遲.
此身行處瓊章重, 諸事看來仔細期.
胸裏成詩書亦至, 一聲草笛待何爲.

매향은 방 가득히 버들가지는 흔들,
계미년의 춘분에 매우 맑은 날일세.
제비는 아직도 날아오는 기색 없어,
두견새의 소식도 당연하게 늦어지리.
이 몸이 가는 곳은 좋은 글이 중해,
모든 것은 보고 나서 자세히 기하리.
가슴에 시가 되면 글씨 또한 되니,
풀피리 한 소리 무엇 땜에 기다리나.

4. 仲春偶吟(2)

浩然之氣道人生, 騷客平心思考萌.
眞喜有文閑暇得, 世情無極靜中迎.
回頭萬事長春夢, 傾耳一聽杜宇聲.
南域山河梅已覆, 連翹汝矣今未醒.

호연지기는 살면서 가야 할 길인데,
시인의 평상심은 생각의 싹이로다.
진실로 기쁜 것은 글로 한가할 때,
세상인정 끝이 없어 조용히 따르네.
돌아보면 만사가 한바탕 봄꿈인데,
귀 기울이면 들려오는 두견의 소리.
남쪽의 산하에는 매화 이미 피었고,
여의도에 개나리 아직껏 피지 않네.

5. 春景偶吟

山繞霞花似昨年, 東風暖日未聽鵑.
閑村雲盡來騷客, 故里月明出畵仙.
曲曲漢江煙霧裏, 高高冠岳夕陽邊.
浮生以後虛心願, 外直中通竹影鮮.

산을 감은 노을 빛 작년과 같은데,
봄바람 따스해도 두견은 울지 않네.
한촌에 구름 걷자 시인들이 들고,
고향에 달 밝으니 화선이 나타나네.
굽이굽이 한강은 안개에 잠겼고,
높고 높은 관악산은 석양으로 둘렀네.
뜬 인생 이후로 마음 비울 것인데,
밖 곧고 속 통한 대 그림자 곱구나.

6. 成春所懷

南域山村杜宇鳴, 遂從中部鵲和聲.
暫間戰局興亡事, 千里他鄉慷慨情.
風靜百花猶自笑, 雲移細雨未全晴.
柳絲今昔感春色, 黃鳥梅橫樂不爭.

남쪽의 산촌에서 두견새 울어대니,
드디어 중부에도 까치가 응답하네.
잠깐의 전국에서 흥망이 일어나니,
천리 타향에서 강개의 정이 이네.
바람 자니 백화는 오히려 절로 피고,
구름 가도 가랑비 아직은 맑지 않네.
버들은 예나 지금 봄 색을 느끼고,
꾀꼬리 매화에 드나들며 즐거워하네.

7. 四月

天上神迎寒食天, 東風無變又聽鵑.
花香今日非前日, 雲氣此年似去年.
十里煙霞眞自畵, 漢江風月比他錢.
我軒綠樹圍靑色, 四月是如勝景邊.

하늘의 신을 맞아 한식날 이르니,
봄바람 변함없고 두견 울음 들리네.
꽃향기가 오늘은 어제와 다른데,
구름의 기운은 작년 금년이 같구나.
십리 깔린 노을은 진짜 그림인데,
한강에서 풍월을 달리 돈에 비할까.
내 집은 푸른 나무 푸르게 두르니,
사월은 이와 같이 멋진 경색 이루네.

8. 晚春偶吟(1)

岑頭濃霧亦仙關, 野外諸花紅染斑.
萬戶樓臺江畔聳, 孤雲倒影水中閑.
林間四月波靑樹, 沙上一團鳥白還.
落日偶吟冠岳赤, 暮煙含雨翠南山.

고갯마루 짙은 안개 신선이 사는 곳,
야외의 모든 꽃이 붉게 물들었네.
수많은 빌딩들은 강가에 더 높은데,
한 조각 구름 비친 물 속은 한가해.
숲 속에 사월은 푸른 나무 물결인데,
모래 위엔 한 무리 흰 새들이 왔네.
저녁나절 시를 쓰니 관악산은 붉고,
저녁연기 비 머금어 남산도 푸르네.

9. 晚春偶吟(2)

鳥鳴花開發春香, 天碧河淸何處鄕.
西北黃砂飛一鶴, 江湖靑草曳群羊.
松間雨過山明近, 柳影鶯啼水淼茫.
浮世常情如此轉, 平生抱負超然忘.

새 울고 꽃 피니 봄 향기 퍼지고,
푸른 하늘 맑은 물 어디가 고향인가.
서북의 황사에 학 한 마리 나는데,
강호에 푸른 풀은 양떼들을 이끄네.
솔 사이 비 개니 산 맑고 가까워,
버들그늘 꾀꼬리 우니 물은 아득하네.
뜬세상 상정이라 이렇게 바뀌니,
한 평생 포부라도 초연하게 잊어보세.

10. 晩春偶吟(7)

花笑萬山皆得春, 水淸風起碧波鮮.
白頭文有相生味, 籬下道無獨悟親.
浮世古今多別事, 故鄕終始羨歸人.
偶思小飮天明月, 草笛一聲是安身.

꽃 피는 온 산에는 모두가 봄이 되니,
물 맑고 바람 일어 푸른 물결 곱구나.
흰머리에 글 있어 서로 사는 맛인데,
울타리 아래 길 없으니 홀로 깨닫네.
뜬세상 예나 지금 별난 일이 많은데,
고향은 언제나 가는 사람 부럽구나.
우연히 한 잔 하니 하늘엔 달이 밝고,
풀피리 한 소리에 이 몸은 편안하네.

11. 晩春偶吟(8)

每年無變至春風, 花葉玲瓏自畵紅.
遠嶺連雲何處繼, 前江映柳昨今通.
讀書夜裏歐陽子, 靜坐日終朱晦翁.
詩詠墨翰文客事, 雜思與酒在胸中.

해마다 변함없는 봄바람이라지만,
꽃잎은 영롱한데 그림은 절로 붉네.
먼 산엔 이은 구름 어디로 이어져,
앞강에 비친 버들 어제 오늘 통하네.
밤중에 독서하신 구양영숙 노인과,
하루 종일 앉아계신 주자선생이로다.

* 歐陽子＝歐陽永叔(六一居士) 朱晦翁＝朱熹(회옹은 雅號)

12. 癸未穀雨節

輪廻節序去年同, 穀雨合當降雨豊.
浮世一場明日月, 好緣何處笑花風.
增時漸漸難增學, 遣歲重重不遣功.
春色眼前移夏季, 胸中萬感自仙通.

돌아가는 계절 순서 지난해와 같아,
곡우에 합당하게 비 내려서 풍성하네.
뜬세상 같은 곳에 일월은 밝은데,
좋은 인연 어느 것에 꽃 피우는 바람일까.
나이 드니 점점 공부는 어려운데,
세월 가니 거듭하여 보낼 공덕이 없구나.
봄빛은 눈앞에서 여름으로 옮기니,
가슴에 이는 느낌 저절로 신선과 통해.

13. 詩傳序言讀後感

言餘筋骨讀文章, 朱子胸中播暗香.
寶冊更尋看寶展, 心懷探索歎心藏.
一生無恨儒冠聳, 今後有人世事祥.
時習四詩風雅頌, 序從吟詠自高揚.

시의 뼈대인 문장을 읽고 나니,
주자의 가슴속에서는 향기가 퍼져 나오네.
보책을 다시 찾아 보물 펴듯 본 뒤에,
마음으로 찾던 것을 감탄하며 간직하네.
일생을 한없이 최고 선비로 우뚝하니,
나중에 사람들은 세상일에 복 받겠네.
때로 배우는 사시는 풍아송이 있는데,
서문대로 시 읊으니 스스로 높아지네.

14. 移秧(1)

回頭畓上水多情, 農者適期機械耕.
東里西村連草野, 南鄉北邑滿人城.
垂竿釣士風魚樂, 播種耘夫結果榮.
全國移秧違緯度, 樓臺近處笛微聲.

돌아보니 논에는 물마저 다정한데,
농사꾼은 적시에 기계로 논밭 가네.
동쪽 마을 서쪽 시골 초야에 이어졌고,
남쪽 고향 북쪽 읍 성안에 사람 가득.
낚싯대 드리운 이 고기 많아 즐겁고,
종자 부린 농부는 결과에 영화 얻네.
전국의 모내기는 위도 따라 다른데,
누대의 근처에는 피리소리 희미하네.

15. 移秧(2)

初夏移秧無限情, 時知機械旣催耕.
鄕中萬邑疎舊里, 洌上首都滿新城.
僻地禾苗田畓秀, 草堂麥茶凡人榮.
農謠昔話殘文化, 布穀間鳴風裏聲.

초여름에 이앙은 끝없는 정인데,
때를 안 기계가 이미 논밭 갈고 있네.
시골에 많은 고을 옛 거리 성글고,
서울의 수도는 새 성으로 가득하네.
벽지의 못자리엔 전답이 빛나고,
초당의 보리차는 범인들의 영화로다.
농요는 옛날 얘기 문화로 남았고,
뻐꾸기 간혹 울어 바람에 들려오네.

* 삼청시사 2003년 6월 詩題

16. 五月(1)

新綠淸光通眼前, 江邊十里碧如煙.
詠詩孰也思詩聖, 飮酒余猶羨酒仙.
山鳥微聲春雨散, 水村廣闊夕陽鮮.
薰風不遠必然到, 俗氣今年無變年.

신록의 맑은 빛 눈앞을 통하는데,
강변의 십리엔 푸른 연기 드리웠네.
시 쓰면 누구나 시성을 생각하고,
술 들면 나는 오직 이 태백 그립네.
산새들 우는 소리 봄비에 흩어져,
물가엔 넓게 트여 석양에 뚜렷하네.
훈풍은 머지않아 반드시 올 터라,
속기라도 금년은 변함없는 해이길.

17. 五月閑日(4)

餘生有限水聲長, 返鏡容姿半白光.
花落前春思故里, 月明昨夜坐高堂.
胸中抱負詩千首, 席上心懷酒一觴.
榮辱瞬間何滿足, 是非排斥好文章.

남은 생애 한계 있고 물소리 긴데,
거울 비친 모습은 반백으로 빛나네.
꽃이 진 앞 봄엔 고향을 생각하고,
달 밝은 어제 밤 높은 집에 앉았었네.
가슴속 포부는 시를 천 수 짓고파,
자리에서 생각은 한 잔의 술이로다.
영욕은 순간인데 무엇으로 족할꼬,
시비를 떠나면 좋은 문장 이뤄진다.

18. 憶九龍洞天

晴晴五月訪恩師, 九龍洞天鳥群知.
書法探源遊別個, 青山躑躅喜當時.
長鳴何處提壺在, 短泣樹間布穀移.
同樂茶廚霞瑞氣, 老翁歡待必須辭.

맑고 맑은 오월에 선생을 찾았더니,
구룡동천 그곳에는 새들이 알더라.
서법의 근원 찾아 별개로 노니는데,
푸른 산에 철쭉꽃은 당시도 기뻤네.
어디서 길게 우나 찌르레기 소리가,
나무사이 짧게 우는 뻐꾸기 옮기네.
같이 즐긴 다주에는 상서로운 노을,
노옹의 환대라서 반드시 글 쓰겠네.

* 提壺=찌르레기

19. 五月卽景(1)

南域山河多鳥聲, 水豊好處不蛙鳴.
無人僻地無風響, 過雨東山過明月.
榮辱將來如老化, 昇沈今日似靑情.
回頭萬象餘淡泊, 彼我不爭願太平.

남쪽의 산하에는 새소리 가득하고,
물 많고 좋은 곳도 개구리 안 우네.
사람 없는 벽지엔 바람 울림 없고,
비 지난 동산엔 밝은 달이 지나가네.
영욕은 장래가 늙어 가는 것 같고,
뜨고 가라앉는 오늘은 푸른 정이로다.
돌아보면 만상은 담박함이 남았고,
너와 내가 다툼 없는 태평을 원하네.

20. 五月想念(5)

靑山五月落花時, 半醉半吟深夜移.
白髮漸增明老態, 黃燈伴作得親知.
高歌戱弄三杯酒, 痕迹必成萬首詩.
浮世一生常筆墨, 滿愁頭上夕陽遲.

푸른 산 오월 꽃이 떨어질 때에,
반은 취해 반은 읊어 밤은 깊어지네.
백발은 점점 느니 늙은 티가 분명,
가로등이 켜지니 친히 알고 얻었도다.
노래 높고 희롱하니 석 잔 술인데,
흔적은 반드시 만 수 시를 지어야지.
뜬세상 일생 동안 필묵으로 사는데,
근심 가득 머리에는 석양이 더디네.

* 2003. 5. 24. 이 날을 계기로 萬首의 詩作에 도전하게 됨

21. 五月卽景(6)

白鷗江上高飛看, 富貴功名行路難.
千日別來旬日在, 萬分慮裏十分歡.
三間茅屋尊家族, 廣闊庭園養竹寬.
流水笛聲浮雲外, 日斜柳影釣垂竿.

갈매기 강 위에 높이 날아 보이니,
부귀공명 이 길도 매우 험난하구나.
천 날은 따로 와도 열흘은 살피니,
다수 구분 생각 속에 십 분이 즐겁네.
삼간 초가라도 가족들을 존중하면,
널따란 정원에서 대 키우며 느긋하리.
물소리 피리소리 구름 밖에 들려,
해 그늘의 버들 아래 낚싯대 드리우네.

22. 到夏所感(1)

消息江南又夏來, 樓臺燕子自徘徊.
牧童草笛夢中事, 處女菜筐畵裏催.
斜日西山雲獨散, 落花季節雨頻雷.
風流從古恨無力, 葉茂何如富貴哉.

강남에서 여름 온다 소식이 또 오니,
누대에 제비들은 저절로 배회하네.
목동들의 피리소리 꿈속에 일인가,
처녀들 나물광주리 그림에서 펼치네.
서산에 해 비끼니 구름은 흩어지고,
꽃 지는 계절이라 우레 소리 잦구나.
풍류는 옛 것 쫓는 힘없음이 한인데
잎이 무성하듯이 부귀도 그랬으면.

23. 南北實務會議陸路利用

南北雙方陸路通, 相離半百感懷充.
東西融合今榮劃, 槿域兩分後世從.
鐵馬往還回大塊, 人間勞力破中逢.
亞洲發展起韓國, 統一邦家永遠豊.

남북의 양쪽이 육로를 통하자 하니,
헤어진 오십 년에 감회가 가득하네.
동서가 융합하여 영화를 기획하나,
우리의 두 조각은 후세에 따르려나.
철마는 오가면서 지구마저 도는데,
인간의 노력으로 깨뜨려서 만나세.
아시아의 발전은 한국이 일으키니,
통일 이룬 나라는 영원히 풍요롭네.

* 2003. 6. 5.

24. 漢詩復興(1)

漢字遊離五十年, 崇文外面有何篇.
一人學者開生路, 群衆白丁塞不連.
世事平穩賓客盛, 心身閑暇主人賢.
詩興熟氣千秋響, 妙境好吟萬代傳.

한자와 떨어져 오십 년이 되었고,
글을 외면한 채로 그 몇 편 있던고.
한 사람의 학자가 살아갈 길 여니,
떼 지은 무식꾼은 잇지 않고 막았네.
세상사 평온하면 손님들이 꼬이고,
심신이 한가하면 주인은 어질도다.
시흥이 익어지면 역사에 울려대고,
좋게 읊은 그 경지는 만대에 전하리.

25. 癸未顯忠日

歲月如如半百春, 長思一夜白頭新.
也天悲感濛濛雨, 墓地靈魂濕濕塵.
功績故人成佛樂, 無心俗客願相親.
胸中虛妄祈冥福, 洌水閑流西海隣.

세월은 그럭저럭 반 백 년은 지나,
하루 밤 생각하니 흰머리 새롭네.
하늘도 슬픈지 가랑비를 내리는데,
묘지에 영혼들과 티끌마저 적시네.
공 세운 고인들 부처 되어 즐겁고,
무심한 속인은 친하기를 바라누나.
가슴속이 허망하나 명복을 비는데,
한강은 한가롭게 서해로 흘러드네.

26. 漢詩復興(2)

歷史如流悠久年, 文章不斷作多篇.
千差萬別形容有, 無計卽吟物象連.
學業未成身體老, 觀書嘗味感懷賢.
海東詩聖紫霞繼, 今後人人律詠傳.

역사는 흘러서 오랜 세월이 지나니,
문장도 끊지 않고 많은 글을 지었네.
천차만별로 나뉘는 형용이 존재하고,
꾀 없이 읊은 게 여러 것을 이었네.
학업은 미성이나 몸은 이미 늙었고,
글을 보는 이 맛이 어진 감회 느끼네.
이 나라의 시성은 자하로 이어지니,
이 후의 사람들은 율을 읊어 전하세.

* 紫霞=申緯

27. 6·25動亂 53周年(1)

同族相殘五四年, 吾邦統一渺然焉.
白頭山上觀光客, 洌水橋梁倒影船.
乙密臺邊圍秘境, 四虛亭內滿淸煙.
何時念願不忘事, 南北合心共戴天.

동족간 서로 죽임 오십 사 년인데,
이 나라의 통일은 아직도 묘연한가.
백두산 꼭대기엔 관광객 줄 잇고,
한강의 다리 위엔 배 그림자 비치네.
을밀대 주변에는 비경이 둘러졌고,
사허정 안에는 맑은 이내 가득하네.
언제나 바라면서 잊지 못하는 건,
남북이 합심하여 하늘 함께 이자꾸나.

28. 6·25動亂 53周年(3)

砲煙中斷昨天如, 歲月於焉半百除.
過去相爭難選別, 只今和解易安居.
白衣民族實團結, 錦繡江山無跛足.
常在戰雲知慧克, 必然歷史大韓舒.

포연이 중단된 지 어제와 같은데,
세월은 어느덧 반 백 년을 지났네.
지난날엔 싸워서 택하기가 어렵고,
지금은 화해하니 편하게 살기 쉽네.
백의의 민족이라 단결만 착실하면,
금수라 강산은 절름발이 아니로세.
언제나 전쟁 기운 지혜로 극복하면,
반드시 역사는 대한민국 펼치리라.

29. 內藏山

春夏秋冬勝景看, 二無天下內藏山.
東風梅笑黎民息, 炎日鬱蒼萬壑間.
絶頂丹楓如焱樣, 平溫白雪比棉艱.
九峰兩瀑雖除外, 何處遊仙心自閑.

봄 여름 가을 겨울 언제나 아름다운,
천하에 둘도 없는 내장산 아니던가.
봄바람에 매화 피고 백성들이 쉬니,
여름철 울창한 숲 온 골짝에 들어차.
절정의 단풍은 풀 타는 듯한 모습,
평온한 흰눈은 목화에다 견줄 건가.
구봉의 두 폭포 비록 제외했으나,
어디든 신선 노니 마음 절로 한가롭네.

* 2003. 7. 1. 정읍문화원

30. 見於政勢

江岸煙霞千里長, 天連樓閣是何鄕.
鳥鳴樹影眠閑士, 花落庭園寒瑞光.
世事如今生混亂, 也誰不遠願淸狂.
漠然現實增憂慮, 奉仕精神當不忘.

강둑에 연하는 천리나 뻗었는데,
하늘 이은 누각들은 여기가 어디인고.
새 우는 나무그늘 선비는 조는데,
꽃이 진 정원에는 서광만이 차갑구나.
세상사 지금처럼 혼란만 생기면,
누구라도 머잖아 맑게 미치길 바라네.
막연한 현실은 걱정만을 더하니,
봉사하는 정신을 당연하게 잊지 말자.

31. 七月四日

山姿水色古今同, 風俗人心有異通.
濃霧漢江連降雨, 暗雲北岳自從風.
吟詩書寫出胸裏, 篆刻筆鋒遊手中.
十里靑堤楊柳綠, 如如不變探無窮.

산 모습 물 빛깔 예나 지금 같은데,
풍속과 인심은 다른데도 통하네.
짙은 안개 한강에 비와 함께 잇고,
어둔 구름 북악에 절로 바람 따르네.
음시와 서사는 가슴에서 나오는데,
전각과 붓끝은 손안에서 노니는구나.
십리 긴 푸른 제방 버들로 푸르니,
이렇듯 변함없으면 끝없이 찾으리.

32. 詠懷(8)

半生書學得專攻, 團體十年眞實隆.
百年於人皆本質, 一心遊藝共爲忠.
稀文世上憂天下, 依筆案前座室中.
師去引章何者問, 只今每日懇無窮.

반생을 글씨 공부 전공으로 얻었고,
단체에 십 년이라 진실로 융성했네.
백년이 사람에겐 모두가 본질이고,
일심으로 예에 놀면 함께 충실하리라.
글 드문 세상에서 천하를 걱정하니,
붓을 지탱 책상 있는 방안에 자릴세.
선생 가고 글을 쓴들 뉘에게 묻나,
지금은 매일같이 다함없이 간절하네.

33. 視南北陸路連結工事

南行北路貫西東, 離散悲哀解決通.
雨順風調天上德, 春耕秋穫野夫功.
收藏稻黍從家異, 賣出桃檎別味同.
如此民情看是厚, 太平聖代眼前豊.

남쪽 가는 북로가 동서에 뚫리니,
이산가족 슬픔도 해결되려 통 하구나.
순조로운 날씨는 하늘의 덕분이라,
봄 농사와 가을걷이 농부의 공이로세.
저장된 벼와 서숙 가정마다 달라,
내다 파는 복숭아 능금 별미는 같구나.
이렇게 백성 정이 두텁게 보이면,
태평스러운 시대 되어 눈앞에 풍성하네.

34. 詠懷(16)

太平重病自生難, 諸事依風天下干.
酒客弄談宜友宿, 兩絲收去任竿殘.
荻花長葉高長岸, 翁笠雨衣細雨灘.
回顏以前間失手, 俗人陷穽濁清冠.

태평의 중병은 자생하기 어려운데,
모든 일은 바람이 천하를 막고 있네.
주객의 농담에도 친구를 재우는데,
두 줄만 거두어 남은 장대 맡기겠나.
갈대꽃의 긴 잎은 긴 둑에 높은데,
늙은이 삿갓우의 가랑비에 여울지네.
돌아보면 이전에 잠깐 실수 있었어,
속인의 함정은 맑은 데에 탁함 있네.

35. 詠懷(17)

高山巖嶂億年留, 深谷南江萬代流.
昔日連遊無舊蹟, 今朝寂寞有閑洲.
獨居逸士當馴鶴, 隱遁書翁自伴鷗.
期必與君吾亦老, 一隅眼前矗石樓.

높은 산의 바위는 억 년을 머물고,
깊은 골의 남강은 만대를 흐르네.
접때 거푸 논 곳이 흔적은 없는데,
이 아침 적막하니 물가도 한가해.
홀로 사는 선비는 학을 길들이는데,
은둔한 글 노인 갈매기와 짝하네.
기필코 그대처럼 나도 역시 늙는데,
한 쪽에 눈앞에는 촉석루가 있네.

36. 癸未制憲節(1)

制憲爲民雙五年, 只今現實苦難連.
路邊無笑無何事, 朝野有爭有願錢.
烈士來看多憤慨, 也誰定坐小握權.
高樓千尺任人性, 半萬大韓望穩全.

법 만들어 백성 위해 오십오 년,
지금의 현실은 어려움의 연속일세.
길가에 웃음 없고 어떤 일도 없어,
조야는 다툼 있고 돈 바람이 있어.
열사가 와서 보면 모두가 분개해,
누구도 자리 있음 작은 권세 쥐네.
높다란 의사당을 인성에 맡겼으니,
반만년의 대한이 온전하길 바라네.

37. 漢詩復興(3)

漢詩元意又今生, 民族歌辭豁達明.
市井雖言橫雜說, 閉窓務學讀書聲.
博文約禮賢人道, 溫故知新雅士情.
唯願江山精氣溢, 老翁稽考必然榮.

한시의 본래 의미 지금 다시 생기니,
민족의 노래를 활달하게 밝히세.
시정에서 무엇이라 잡설이 설쳐대니,
문 닫고 공부하니 독서소리 들리네.
박문약례는 현인들이 나아갈 길이요,
온고지신은 우아한 선비 정이로다.
원하는 건 오로지 강산정기 넘치고,
늙은이 생각 쌓아 반드시 영화 보세.

38. 漢詩復興(4)

昔日崇儒知慧生, 從賢慕聖道當明.
西風來到追西樣, 外習臨東抱外聲.
孟母三遷成學業, 圖南鵬翼報恩情.
鍊磨邁進必然至, 槿域文壇次第榮.

옛날엔 선비숭상 지혜가 생겨나고,
현인 따라 성인 앙모 분명한 길이라.
서양바람 이르니 서양모습 따르고,
외국습관 동양 오니 외국소리 안더라.
맹자 모친 세 번 이사 학업을 이뤄,
큰 뜻을 이루면 보은하는 정이로다.
연마하고 매진하면 반드시 이르리,
이 나라의 문단은 이 때에 영화 보세.

39. 憶七佛寺

頭流七佛在山腰, 境內生徒詩畵描.
一柱門前遊客近, 本堂檐下掛書遙.
巖間溪上架橋美, 淸淨水中疊嶂搖.
群鳥散飛煙雨裏, 誰吹草笛耳邊消.

지리산 칠불사는 산허리에 있는데,
경내에 생도들은 시화를 그려내네.
일주문 앞에는 놀이꾼이 늘어나고,
본당의 처마에 걸린 글씨가 멀구나.
바위 사이 계곡에 걸린 다리 곱고,
맑은 물 속에는 겹친 산 흔들리네.
많은 새들 날아가 이내 속에 들고,
뉘 부는 풀피린가 귓가에 사라지네.

40. 追慕圃隱先祖(1)

賢人圃隱感懷生, 爲政爲民根本成.
善竹血痕殘不變, 丹歌一唱尙今明.
忠誠志操如松柏, 學問精神似鶴情.
何者當然崇節槪, 後孫榮譽不忘亨.

현인인 포은 선생 감회가 일어나,
백성과 정치 위한 근본을 이루었네.
선죽교에 흘린 피 변함없이 있고,
단심가 한 수는 지금까지 확실하네.
충성스런 지조는 송백과도 같으며,
학문의 정신은 학의 성정을 닮았네.
누구든지 당연하게 기개를 받드니,
후손들이 영예를 잊지 말고 드리세.

41. 追慕圃隱先祖(4)

圃隱鄭公今又生, 文人墨客盛時成.
龍仁陵谷殘碑石, 善竹欄干鮮血明.
一死萬年知百姓, 不休當代唱無情.
先賢氣槪也誰慕, 子子孫孫高仰享.

포은 정공이 지금 다시 나셨으니,
문인과 묵객들이 때맞추어 이루었네.
용인의 능곡에는 비석이 남았고,
선죽교 난간에는 붉은 피가 분명하네.
한 번 죽음 영원히 백성이 알고,
쉬잖코 당대에도 끝이 없이 불렀도다.
선현의 기개를 누구라도 숭앙해,
자손 만대로 영원히 우러러서 모시세.

42. 思父母

高層大廈列東南, 生計然而野鶴貪.
洌水片舟微雨裏, 山峰松子暮煙含.
榮枯笑泣人間事, 得失盛衰世上堪.
何者胸中眞實有, 昊天罔極比無談.

높다란 빌딩은 동남으로 줄서고,
생계는 그래서인가 야학을 탐내네.
한강의 조각배는 가랑비 속인데,
산봉의 솔방울 저문 이내 잠기네.
피고 지고 웃고 우는 인간사인데,
얻고 잃고 담고 여윈 세상은 견뎌.
누구의 가슴에도 진실은 있는데,
높은 하늘 끝 다해도 말없이 비하네.

43. 漢江(1)

洌水黎民血管通, 南山姿態夕陽空.
江原出發流千里, 西海到之廣滿充.
歷史億年興起促, 好緣諸處作成功.
自然圖畵我心外, 不變草堤雲靄中.

한강은 백성들의 혈관으로 통하고,
남산의 장한 모습 석양에 덩그렇다.
출발은 강원도라 천리를 흘러내려,
서해에 이르면 널리 가득 차는구나.
역사는 억 년을 내닫기를 재촉해,
여러 곳 좋은 인연 성공하여 만드네.
자연의 그림은 내 마음의 밖이고,
변함없는 풀 둑은 이내 자욱하구나.

44. 避暑于東海

炎天望海向東輪, 水浴同時洗俗塵.
夏日濃陰常濯足, 每年休養可安身.
沙場泳客遊戲晚, 道路駐車不動辰.
何者一回經驗有, 江原慶尙只今伸.

더운 날 바다 보며 동쪽을 향하여,
목욕과 동시에 세상 때도 씻어야지.
여름날 짙은 그늘 언제나 발 씻고,
해마다 휴양으로 몸을 편히 하도다.
백사장에 수영객 늦게까지 노닐고,
도로는 주차장 새벽까지 안 움직여.
누구든 한 번은 경험이 있을지니,
강원도와 경상도가 지금은 움직이네.

45. 忠武祠懷古

四百年前壬亂時, 祖先護國僅明知.
山川依舊人奇絶, 忠武祠堂夙尙吹.
竹島公園兒輩弄, 龍頭浦口大將旗.
神位配享誰爲定, 歲月不關松影垂.

사백 년 전 임진왜란 있을 때,
조상들이 나라 지킴 조금은 알겠네.
산천은 변함없고 사람들은 끊기니,
충무공 사당에는 예부터 숭상하네.
죽도 공원에는 아이들이 뛰어 놀고,
용두 포구에는 대장기가 펄럭이네.
신위를 배향함은 누구를 위함인고,
세월과 무관하게 솔 그늘 드리우네.

46. 夏季休暇有感(1)

夏季休暇南域徊, 于先淸淨巨濟灰.
水中遊泳魚群妙, 海上觀光詞客魁.
閑麗水都開秘景, 長橋連陸架高臺.
泗川諸島新名物, 每勿只今準備哉.

여름 철 휴가로 남쪽을 돌았는데,
우선은 깨끗하단 거제가 잿빛이었네.
물 속에 유영하는 고기는 묘한데,
바다 위에 관광하는 시객은 으뜸일세.
아름다운 물의 도시 비경 열리니,
긴 다리 육지 닿아 높은 누대 걸렸네.
사천의 여러 섬은 새로운 명물로,
매물도는 아직까지 준비를 하고 있네.

47. 秋聲賦讀後感

白帝於焉冽上頭, 古文眞寶讀眞愁.
醉翁深夜狂風捕, 騷客殘炎汗滴流.
月影成言描寫極, 丹楓情趣詠吟秋.
淸凉氣運冊中溢, 稀貴瓊章仰慕樓.

가을 신은 어느덧 서울에 들어서,
고문진보 읽으니 진실로 걱정되네.
취옹은 심야에 미친 바람 잡았지만,
시인은 늦더위에 땀방울 흘리네.
달 그늘 말로써 지극히 잘 그리고,
단풍의 정취인 가을을 시로 읊네.
시원한 기운은 책 속에 넘치는데,
드물게 귀한 글을 우러러 보는구나.

48. 8·15光復 五十八周年

光復已過五八年, 國家分斷不知緣.
眼前一甲常無變, 遙遠合邦覆有煙.
大塊何人當恕事, 政街政客想惟錢.
殘餘浮世整心境, 南北往還共戴天.

광복을 맞은 지 오십팔 년 지나도,
국가는 양분되어 그 인연 모르네.
눈앞에 일갑이나 아직도 변화 없어,
요원하게 통일은 연기로 덮여있네.
지구상 그 누가 용서할 일이던가,
정가의 정객들은 오로지 돈만 생각.
남은 생애 뜬세상 마음을 정리해,
남북을 오가며 같은 하늘 생각하세.

49. 漢江(9)

漢城繞水漢江名, 千里長流萬曲淸.
先史居痕殘片現, 夢村茅屋確然生.
南山億載聳松態, 北岳始初巖嶂橫.
天惠要衝重發展, 五邦乳道世人驚.

서울을 감싼 물이라 한강이라 했지,
천리나 긴 흐름 일만 굽이 맑구나.
선사시대 살던 흔적 잔편이 남았지,
몽촌토성 초가는 확연하게 생겼네.
남산은 억 년이나 소나무 솟아있고,
북악은 처음부터 바위산이 둘렀네.
천혜의 요충이라 거듭해 발전하며,
우리나라 젖줄로 세상사람 놀라네.

50. 一山

身至一山聽昔聞, 廈林湖水妙難分.
平原無畓鋪如玉, 樓彩有情似繞雲.
世事非驚超穢陋, 心襟在隙着塵氛.
詩書圖畵形容寫, 靜立街頭看夕曛.

내가 가서 일산의 옛 소문 듣는데,
빌딩 숲은 호수와 묘하게도 나뉘네.
들판에 논을 없애 옥을 펼쳐 놓고,
채색에 정을 두어 구름이 감아 도네.
세상사 놀라잖아 더러움도 초월해,
심금은 틈새라도 속된 기운 붙으려나.
시와 글씨 그림으로 모습을 그리며,
조용하게 길가에서 석양을 바라보네.

51. 癸未處暑

季節循環同每年, 目前處暑尚炎天.
邦家何處紅陽照, 山麓誰看碧霧煙.
綠樹殘蟬恒聽近, 白雲深鎖不知邊.
疏星七月渺茫裏, 一筆揮毫願畵仙.

계절의 순환은 해마다 꼭 같은데,
눈앞에 처서인데 아직도 더운 날.
이 나라 어디에도 붉은 해 비치니,
산자락 누가 봐도 푸른빛 안개로다.
녹수에 남은 매미 언제나 들리고,
흰 구름 깊이 잠가 그 끝을 모르네.
칠월에 아득한 별 저 멀리 떠있고,
한 붓에 휘둘러 화선 되길 바라네.

52. 癸未處暑(2)

處暑每年還必然, 殘炎山野綠中眠.
蒼空無雁秋聲遠, 籬下有花夏氣鮮.
水鳥一鳴微雨後, 江村十里蓋煙前.
樓臺繞翠圍靑靄, 近日丹楓霜滿天.

처서는 해마다 필연적으로 오는데,
늦더위 산야에서 녹음 중에 조는구나.
창공엔 기러기 없어 가을소리 멀고,
울타리엔 꽃으로 여름기운 선명해.
물새가 우는 소리 가랑비 온 뒤라,
강 마을 십리 길이 이내로 덮여있네.
누대는 푸르고 푸른 이내 감도는데,
근일에 단풍에는 서리 내려 가득해.

53. 癸未白露

世事多難歲月流, 天邊擧目片雲留.
碧空杳杳夕陽沒, 江水溶溶秋色浮.
案上作詩當自樂, 甁中無酒何孰謨.
竹聲喧處煙外裏, 白露淸珠楓葉愁.

세상사 다난해도 세월은 흐르는데,
하늘가 바라보니 조각구름 머물었네.
푸른 하늘 아득해도 석양은 지고,
강물은 흘러흘러 가을빛이 뜨고 있네.
책상에서 시 지으니 당연히 즐겁고,
병 속에 술이 없어 누구랑 모의할꼬.
댓잎의 시끄러움 이내 밖에 일이나,
백로의 맑은 구슬 가을 잎 근심하네.

54. 無題(1)

終日奔忙展示橫, 一家看盡一家驚.
心中有意我身役, 道上無名彼假成.
山鳥早朝垂露啄, 野花晚夏照霞明.
乘車歸宅何者靜, 掛壁手痕必正評.

왼 종일 바쁘게 전시장 헤매다가,
한 집 보면 한 집에서 놀라기도 하네.
마음에 뜻이 있어 나 자신 수고해,
길 위에 이름 없어 저 가짜 이루었나.
산새는 이른 아침 드리운 이슬 쪼는데,
들꽃은 늦여름에 노을 밝게 비추네.
차를 타고 귀가하니 누구도 조용해,
벽에 걸린 솜씨들 반드시 정평 있어.

55. 欲登金剛山

一萬二千奇異峰, 白頭大幹出芙蓉.
陽光好照滄茫闊, 淸氣完然碧態濃.
聳屼嶂巖禽獸道, 洞天幽谷鶴仙從.
何時與友登攀願, 分斷痛中不勿逢.

일만 이천의 기이한 봉우리가,
백두대간 허리에 부용처럼 나와 있네.
햇볕이 잘 비쳐도 아득하게 보이고,
맑은 기운 완연히 짙푸른 모습일세.
솟아난 바위산은 짐승들의 길인데,
신선 사는 유곡은 학이 신선 따르네.
언제나 벗과 함께 오르기를 원하니,
분단의 아픔 중에 만날 수 있겠지.

56. 內藏山(2)

四方天地滿楓林, 皎月凉風聽鳳音.
樹木濃陰遊賓客, 西峰幽谷脫禪心.
霞烟我抱當塵洗, 泉石矯情卽獨吟.
丹色覆山流兩瀑, 內藏大德趣尤深

사방의 천지가 단풍으로 가득한데,
달 밝고 서늘 바람 봉새소리 들리네.
수목의 그늘엔 손님들이 노니는데,
서쪽 봉의 유곡에선 선심을 벗어나네.
노을빛은 내가 안아 세상먼지 씻고,
샘돌의 고운 정에 나 홀로 읊어대네.
단풍이 덮은 산 두 폭포가 흐르는데,
내장산 큰 덕은 더욱 깊게 다다르네.

57. 漢江(16)

雲捲蒼天飛鷺秋, 微聲洌水渺茫流.
濁醪滿足賞黃景, 籬菊盈開恥白頭.
沃野金波淸客位, 空房玉鏡見余樓.
請君今夜盡談笑, 昔日賢人明燭遊.

구름 걷힌 하늘에 백로 나는 가을이라,
가는 소리 한강은 아득하게 흐르네.
막걸리에 만족하고 황경을 바라보니,
국화는 피었는데 흰 머리가 부끄럽네.
옥토에 황금물결 맑은 손이 자리하고,
빈방에 옥거울은 내 집을 비추구나.
그대 불러 이 밤을 담소로 보내고파,
옛날에 현인들도 촛불 밝혀 놀았다네.

58. 白溪退官記念展

白溪大雅藝能開, 書畫刀痕不問催.
傳統儒家心想展, 構成巨匠萬人魁.
詩文筆致精神韻, 黑白調和實體財.
無比造形佳手迹, 退官必是入仙哉.

백계 대아의 좋은 예술 꽃피우니,
그림 글씨 칼흔마저 그대로 열었네.
전통의 유가로서 생각을 펼쳐내니,
구성의 거장으로 만인의 우두머리.
시문의 필치는 정신만의 운치이며,
흑백의 조화로움 실체가 재산일세.
견줌 없는 조형은 아름다운 손 자취,
물러난 뒤 반드시 선경에 들어가리.

* 2003년 7월 서울대학교 박물관에서 백계 정탁영 교수의 퇴관기념 전시가 있었음.

著者協約
板權省略

서예인을 위한 漢詩

胸 中 萬 里 (第3輯)

印刷日 | 2006년 9월 25일
發行日 | 2006년 9월 30일

저 자 | 鄭 充 洛
   주   소 | 서울특별시 강남구 청담1동 105번지
          청담시티빌라트 402호
   전   화 | (02)542-5608
   E-Mail | nongsann@hanmail.net

발행처 | 月刊 書藝文人畵

발행인 | 李 洪 淵
 등 록 | 제300-2004-67호
 주 소 | 서울특별시 종로구 내자동 167-2
 전 화 | (02)732-7096~7
 F A X | (02)738-9887
 홈페이지 | www.makebook.net

정가 20,000원

※ 잘못 만들어진 책은 바꿔드립니다.